LINGVA LATINA

INDICES

HANS H. ØRBERG

LINGVA LATINA

PER SE ILLVSTRATA

INDICES

ANNO MCMXCIX

LINGVA LATINA PER SE ILLVSTRATA
INDICES
© Hans H. Ørberg 1990
Omnia proprietatis iura reservantur

Ex officina typographica *Special-Trykkeriet Viborg*
anno 1991 et, paucis correctis, 1998, 1999

ISBN 87-997016-9-3

LINGVA LATINA
PER SE ILLVSTRATA
PARS I: FAMILIA ROMANA
PARS II: ROMA AETERNA
INDICES
COLLOQVIA PERSONARVM
EXERCITIA LATINA
GRAMMATICA LATINA
PLAVTVS: AMPHITRYO COMOEDIA

Domus Latina, *Skovvangen 7*
DK-8500 Grenaa, Dania

RES QVAE HOC LIBRO CONTINENTVR

NOTAE

a.	= annō (a. C.)	mag. eq.	= magister equitum
a. C.	= ante Chrīstum nātum	p. C.	= post Chrīstum nātum
a. u. c.	= ab urbe conditā	prōcōs.	= prōcōnsul
c.	= circiter	prōpr.	= prōpraetor
cap.	= capitulum	s.	= sīve
cēt.	= cēterī -ae -a	suf.	= suffectus
cōs.	= cōnsul	tr. pl.	= tribūnus plēbis
dict.	= dictātor	tr. mīl.	= tribūnus mīlitum
f.	= fīlius	u. c.	= urbis conditae
k., kal.	= kalendīs -ās	v.	= vidē

PRAENOMINA ROMANORVM

A.	= Aulus	L.	= Lūcius	Ser.	= Servius
Ap.	= Appius	M.	= Mārcus	Sex.	= Sextus
C.	= Gāius	M'.	= Mānius	Sp.	= Spurius
Cn.	= Gnaeus	P.	= Pūblius	T.	= Titus
D.	= Decimus	Q.	= Quīntus	Ti.	= Tiberius
K.	= Kaesō	S.	= Sextus	Tib.	= Tiberius

Numerīs crassīs significantur capitula:

1 = CAP. I	**15** = CAP. XV	**29** = CAP. XXIX	**43** = CAP. XLIII
2 = CAP. II	**16** = CAP. XVI	**30** = CAP. XXX	**44** = CAP. XLIV
3 = CAP. III	**17** = CAP. XVII	**31** = CAP. XXXI	**45** = CAP. XLV
4 = CAP. IV	**18** = CAP. XVIII	**32** = CAP. XXXII	**46** = CAP. XLVI
5 = CAP. V	**19** = CAP. XIX	**33** = CAP. XXXIII	**47** = CAP. XLVII
6 = CAP. VI	**20** = CAP. XX	**34** = CAP. XXXIV	**48** = CAP. XLVIII
7 = CAP. VII	**21** = CAP. XXI	**35** = CAP. XXXV	**49** = CAP. XLIX
8 = CAP. VIII	**22** = CAP. XXII	**36** = CAP. XXXVI	**50** = CAP. L
9 = CAP. IX	**23** = CAP. XXIII	**37** = CAP. XXXVII	**51** = CAP. LI
10 = CAP. X	**24** = CAP. XXIV	**38** = CAP. XXVIII	**52** = CAP. LII
11 = CAP. XI	**25** = CAP. XXV	**39** = CAP. XXXIX	**53** = CAP. LIII
12 = CAP. XII	**26** = CAP. XXVI	**40** = CAP. XL	**54** = CAP. LIV
13 = CAP. XIII	**27** = CAP. XXVII	**41** = CAP. XLI	**55** = CAP. LV
14 = CAP. XIV	**28** = CAP. XXVIII	**42** = CAP. XLII	**56** = CAP. LVI

FASTI CONSVLARES

		CONSVLES ET DICTATORES	RES GESTAE
annō			
a.C.	*u.c.*		
509	245	L. Iūnius Brūtus	Rēgēs exāctī
		L. Tarquinius Collātīnus	
501	253	T. Lārcius dict.	
		Sp. Cassius mag. eq.	
479	275	K. Fabius	
		T. Vergīnius	
477	277	T. Menēnius Agrippa	Fabiī CCC caesī
		C. Horātius Pulvillus	
458	296	L. Quīnctius Cincinnātus dict.	
451	303	Decemvirī lēgibus scrībundīs:	Lēges XII tabulārum
		Ap. Claudius, cēt.	
437	317	Mām. Aemilius dict.	Spolia opīma II
		L. Quīnctius Cincinnātus mag. eq.	
431	323	A. Postumius Tūbertus dict.	
396	358	M. Fūrius Camillus dict.	Vēiī captī
390	364	M. Fūrius Camillus dict. II	Rōma capta et līberāta
365	389	L. Genūcius	
		Q. Servīlius	
358	396	C. Sulpicius dict.	Gallī victī
356	398	C. Mārcius Rutilus dict.	Etrūscī victī
349	405	L. Fūrius Camillus	
348	406	M. Valerius Corvīnus	
340	414	T. Mānlius Torquātus III	
324	430	L. Papīrius Cursor dict.	Bellum Samnīticum
		Q. Fabius Māximus Ralliānus mag. eq.	
321	433	T. Veturius	Caudium
		Sp. Postumius	
319	435	L. Papīrius Cursor III	
298	456	L. Cornēlius Scīpiō Barbātus	
295	459	Q. Fabius Māximus Ralliānus V	
290	464	P. Cornēlius Rūfīnus	Samnītēs dēvictī
		M'. Curius Dentātus	
283	471	Cn. Cornēlius Dolābella	
280	474	P. Valerius Laevīnus	Bellum Tarentīnum
279	475	P. Sulpicius	
		P. Decius Mūs	
278	476	C. Fabricius Luscinus II	
		Q. Aemilius Papus II	

277	477	P. Cornēlius Rūfīnus II	
	—		
275	479	M'. Curius Dentātus II	Pyrrhus victus
		L. Cornēlius Lentulus	
273	481	C. Fabius Licinus	
		C. Claudius Canīna	
269	485	Q. Ogulnius Gallus	
		C. Fabius Pictor	
268	486	P. Semprōnius	
		Ap. Claudius	
267	487	M. Atīlius Rēgulus	
		L. Iūlius Libō	
264	490	Ap. Claudius Caudex	Bellum Pūnicum I
		M. Fulvius Flaccus	
263	491	M'. Valerius Māximus Messalla	
		M'. Otācilius Crassus	
260	494	C. Duīlius	
		Cn. Cornēlius Asina	
259	495	C. Aquīlius Flōrus	
		L. Cornēlius Scīpiō	
256	498	L. Mānlius Vulsō	
		M. Atīlius Rēgulus II	
255	499	M. Aemilius Paulus	
		Ser. Fulvius Nōbilior	
253	501	Cn. Servīlius Caepiō	
		C. Semprōnius Blaesus	
251	503	L. Caecilius Metellus	
		C. Fūrius Pacilus	
249	505	P. Claudius Pulcher	
		L. Iūnius	
242	512	C. Lutātius Catulus	
		A. Postumius Albīnus	
241	513	Q. Lutātius	Poenī classe dēvictī
		A. Mānlius	
240	514	C. Claudius Centhō	
		M. Semprōnius Tūditānus	
239	515	Q. Valerius	
		C. Mamilius	
237	517	L. Cornēlius Lentulus	
		Q. Fulvius Flaccus	
235	519	T. Mānlius Torquātus	Iānus clausus II
		C. Atīlius Bulbus	
229	525	L. Postumius Albīnus	
		Cn. Fulvius Centumalus	
225	529	L. Aemilius Papus	Bellum Gallicum
	—		
223	531	C. Flāminius	
		P. Fūrius Philus	
222	532	M. Claudius Mārcellus	Spolia opīma III
		Cn. Cornēlius Scīpiō	
219	535	M. Līvius	
		L. Aemilius Paulus	
218	536	P. Cornēlius Scīpiō	Bellum Pūnicum II
		Ti. Semprōnius Longus	
217	537	C. Flāminius II	Lacus Trasumennus
		Cn. Servīlius Geminus	
		Q. Fabius Māximus dict.	
		M. Minucius Rūfus mag. eq.	

216	538	L. Aemilius Paulus II	Cannae
		C. Terentius Varrō	
215	539	Ti. Semprōnius Gracchus	
		Q. Fabius Māximus III	
214	540	M. Claudius Mārcellus III	
		Q. Fabius Māximus IV	
213	541	Ti. Semprōnius Gracchus II	
		Q. Fabius Māximus f.	
212	542	Q. Fulvius Flaccus III	Capua capta
		Ap. Claudius Pulcher	
210	544	M. Claudius Mārcellus IV	
		—	
209	545	Q. Fabius Māximus V	
		Q. Fulvius Flaccus IV	
208	546	M. Claudius Mārcellus V	
		T. Quīnctius Crispīnus	
207	547	C. Claudius Nerō	
		M. Līvius II	
205	549	P. Cornēlius Scīpiō Āfricānus	
		—	
201	553	Cn. Cornēlius Lentulus	Fīnis bellī Pūnicī II
		P. Aelius Paetus	
200	554	P. Sulpicius Galba II	Bellum Macedonicum II
		C. Aurēlius Cotta	
198	556	T. Quīnctius Flāminīnus	Philippus victus
		—	
196	558	M. Claudius Mārcellus f.	
		L. Fūrius	
195	559	M. Porcius Catō	
		L. Valerius Flaccus	
194	560	Ti. Semprōnius Longus	
		P. Cornēlius Scīpiō Āfricānus II	
191	563	M'. Acīlius Glabriō	Antiochus Graeciā pulsus
		P. Cornēlius Scīpiō Nāsīca	
190	564	L. Cornēlius Scīpiō Asiāticus	Antiochus in Asiā victus
		C. Laelius	
183	571	M. Claudius Mārcellus	
		Q. Fabius Labeō	
182	572	L. Aemilius Paulus	
		Cn. Baebius Tamphilus	
179	575	Q. Fulvius Flaccus	
		L. Mānlius	
171	583	P. Licinius Crassus	Bellum Macedonicum III
		—	
169	585	Q. Mārcius Philippus	
		—	
168	586	L. Aemilius Paulus II	Perseus victus
		C. Licinius Crassus	
167	587	Q. Aelius Paetus	
		M. Iūnius Pennus	
155	599	P. Cornēlius Scīpiō Nāsīca II	
		M. Claudius Mārcellus II	
149	605	M'. Mānīlius	Bellum Pūnicum III
		L. Mārcius	
147	607	P. Cornēlius Scīpiō Aemiliānus Āfricānus	
		—	
146	608	L. Mummius	Carthāgō dēlēta
		—	

9

143	611	Q. Caecilius Metellus Macedonicus	
		Ap. Claudius Pulcher	
142	612	Q. Fabius Māximus Servīliānus	
		―	
141	613	Q. Pompēius	Bellum Numantīnum
		―	
140	614	Q. Servīlius Caepiō	
		C. Laelius	
139	615	M. Popilius	
138	616	P. Cornēlius Scīpiō Nāsīca Serāpiō	
		D. Iūnius Brūtus	
137	617	C. Hostīlius Mancīnus	
		M. Aemilius Lepidus	
136	618	L. Fūrius Philus	
		―	
134	620	P. Cornēlius Scīpiō Aemiliānus Āfricānus II	
		―	Numantia capta
129	625	C. Semprōnius Tuditānus	
		M'. Aquīlius	Scīpiō Aemiliānus mortuus
125	629	M. Fulvius Flaccus	
		―	
122	632	C. Fannius	
		―	
121	633	L. Opīmius	C. Gracchus occīsus
		―	
120	634	C. Papīrius Carbō	
		―	
117	637	Q. Mūcius Scaevola	
		―	
115	639	M. Aemilius Scaurus	
		―	
111	643	P. Cornēlius Scīpiō Nāsīca	Bellum Iugurthīnum
		L. Calpurnius Bēstia	
110	644	Sp. Postumius Albīnus	
		M. Minucius Rūfus	
109	645	Q. Caecilius Metellus Numidicus	
		―	
107	647	C. Marius	
		L. Cassius Longīnus	
106	648	C. Atīlius Serrānus	Iugurtha captus
		Q. Servīlius Caepiō	
105	649	Cn. Mallius Māximus	Bellum Cimbricum
		P. Rutilius Rūfus	
102	652	C. Marius IV	
		Q. Lutātius Catulus	
101	653	C. Marius V	Cimbrī dēvictī
		M'. Aquīlius	
100	654	C. Marius VI	
		―	
99	655	M. Antōnius	
		A. Postumius Albīnus	
91	663	Sex. Iūlius Caesar	Bellum sociāle
		L. Mārcius Philippus	
90	664	P. Rutilius Lupus	
		―	
89	665	L. Porcius Catō	
		Cn. Pompēius Strabō	

88	666	L. Cornēlius Sulla	Bellum Mithridāticum
		—	
87	667	Cn. Octāvius	Bellum cīvīle
		L. Cornēlius Cinna	
86	668	C. Marius VII	
		L. Cornēlius Cinna II	
85	669	L. Cornēlius Cinna III	
		Cn. Papīrius Carbō	
84	670	L. Cornēlius Cinna IV	
		Cn. Papīrius Carbō II	
83	671	C. Norbānus	
		L. Cornēlius Scīpiō Asiāticus	
82	672	C. Marius (fīlius)	
		Cn. Papīrius Carbō III	
81	673	L. Cornēlius Sulla dict.	
		—	
80	674	L. Cornēlius Sulla II	
		Q. Caecilius Metellus Pius	
79	675	Ap. Claudius Pulcher	
		P. Servīlius Isauricus	
78	676	M. Aemilius Lepidus	
		Q. Lutātius Catulus	
76	678	C. Scrībōnius Curiō	
		—	
75	679	C. Aurēlius Cotta	
		—	
74	680	L. Licinius Lūcullus	
		M. Aurēlius Cotta	
73	681	M. Licinius Lūcullus	
		—	
71	683	P. Cornēlius Lentulus	
		Cn. Aufidius Orestēs	
70	684	Cn. Pompēius Magnus	
		M. Licinius Crassus	
69	685	Q. Hortēnsius	
		Q. Caecilius Metellus Crēticus	
67	687	M'. Acīlius Glabriō	Bellum pīrāticum
63	691	M. Tullius Cicerō	Coniūrātiō Catilīnae
		C. Antōnius	
59	695	C. Iūlius Caesar	
		M. Calpurnius Bibulus	Bellum Gallicum
55	699	Cn. Pompēius Magnus II	
		M. Licinius Crassus II	
49	705	C. Claudius Mārcellus	Bellum cīvīle
		—	
		C. Iūlius Caesar dict. (sine mag. eq.)	
48	706	C. Iūlius Caesar II	Pharsālus
			Pompēius interfectus
		—	
47	707	C. Iūlius Caesar dict. II	
		M. Antōnius mag. eq.	
46	708	C. Iūlius Caesar III	
		—	
45	709	C. Iūlius Caesar IV (sine collēgā)	Fīnis bellī cīvīlis
		C. Iūlius Caesar dict. perpetuus	
44	710	C. Iūlius Caesar V	Caesar interfectus
		M. Antōnius	

FASTI TRIVMPHALES

annō a.C.		*annō a.u.c.*
753	Rōmulus Mārtis f. rēx dē Caenīnēnsibus k. Mārt.	I
509	P. Valerius Volesī f. Pūblicola cōs. dē Vēientibus et Tarquiniīs k. Mārt.	CCXLV
319	L. Papīrius Sp. f. Cursor cōs. III dē Samnītibus x k. Septembr.	CDXXXV
278	C. Fabricius C. f. Luscinus cōs. II dē Lūcānīs, Bruttiīs, Tarentīnīs, Samnītibus īdibus Decembr.	CDLXXVI
275	M'. Curius M'. f. Dentātus cōs. II dē Samnītibus et rēge Pyrrhō – Febr.	CDLXXIX
263	M'. Valerius M. f. Māximus Messalla cōs. dē Poenīs et rēge Siculōrum Hierōne XVI k. Aprīl.	CDXCI
260	C. Duīlius M. f. cōs. prīmus nāvālem dē Siculīs et classe Pūnicā ēgit	CDXCIV
250	L. Caecilius L. f. Metellus prōcōs. dē Poenīs VII īdūs Septembr.	DIV
241	C. Lutātius C. f. Catulus prōcōs. dē Poenīs ex Siciliā nāvālem ēgit IIII nōnās Octōbr.	DXIII
235	T. Mānlius T. f. Torquātus cōs. dē Sardīs VI īdūs Mārt.	DXIX
228	Cn. Fulvius Cn. f. Centumalus prōcōs. ex Illyriīs nāvālem ēgit x k. Quīnt.	DXXVI
225	L. Aemilius Q. f. Papus cōs. dē Gallīs III nōnās Mārt.	DXXIX
222	M. Claudius M. f. Mārcellus cōs. dē Gallīs Īnsubribus et Germānīs k. Mārt. isque spolia opīma rettulit duce hostium Virdumārō ad Clastidium interfectō	DXXXII
194	M. Porcius M. f. Catō prōcōs. ex Hispāniā citeriōre	DLX
194	T. Quīnctius T. f. Flāminīnus prōcōs. ex Macedoniā et rēge Philippō per trīduum	DLX
189	L. Aemilius M. f. Rēgillus prōpr. ex Asiā dē rēge Antiochō nāvālem ēgit k. Febr.	DLXV
189	L. Cornēlius P. f. Scīpiō Asiāticus prōcōs. ex Asiā dē rēge Antiochō prīdiē k. Mārt.	DLXV
167	L. Aemilius L. f. Paulus prōcōs. ex Macedoniā et rēge Persē per trīduum IIII, III, prīdiē k. Decem.	DLXXXVII
167	Cn. Octāvius Cn. f. prōpr. ex Macedoniā et rēge Persē nāvālem ēgit k. Dec.	DLXXXVII
106	Q. Caecilius L. f. Metellus Numidicus prōcōs. dē Numidīs et rēge Iugurthā	DCXLVIII
104	C. Marius C. f. cōs. II dē Numidīs et rēge Iugurthā k. Iān.	DCL
89	Cn. Pompēius Sex. f. Strabō cōs. dē Pīcentibus VI k. Iān.	DCLXV
81	L. Cornēlius L. f. Sulla Fēlīx dict. dē rēge Mithridāte IV, III kal. Febr.	DCLXXIII
62	Q. Caecilius C. f. Metellus Crēticus prōcōs. ex Crētā īnsulā ..I kal. Iūn.	DCXCII
61	Cn. Pompēius Cn. f. Magnus prōcōs. ex Asiā, Pontō, Armeniā, Paphlagoniā, Cappadociā, Ciliciā, Syriā, Iūdaeīs, pīrātīs per bīduum III, prīdiē k. Oct.	DCXCIII

INDEX NOMINVM

A

A. = Aulus, praenōmen **46**.408

Aborīginēs -um *m*, prīmī Italiae incolae **37**.1; **41**.7,26,31,33

Acadēmīa, disciplīna philosophōrum ā Platōne Athēnīs īnstitūta **53**.348

Acarnānia, regiō Graeciae **50**.156

Accius, L., poēta tragicus Rōmānus **47**.162

Acestēs -ae *m*, rēx Siciliae, Aenēam recēpit **38**.208; **39**.75,217,223; **40**.275

Achaeī, v. Achāia

Achaeī Phthīōtae -ārum *m*, gēns Thessaliae **50**.61,154

Achāia, (1) regiō Peloponnēsī septentriōnālis **51**.129; **Achaeī**, incolae **50**.15; **51**.120-137; *adi* **Achāicus 51**.126; **concilium Achāicum**, Achaeī et sociī **51**.122; (2) Peloponnēsus et media Graecia prōvincia Rōmāna **53**.55,79,81, 106; **54**.363

Achātēs -is *m*, Aenēae amīcus et comes **38**.137; **39**.64,70,95,153,158,175,231,232,263

Achillēs -is *m*, bellō Trōiānō dux Graecōrum **25**.9; **31**.170; **37**.27; **39**.184-186; **46**.219

Achīvī, Graecī **37**.47

Acīlius Glabriō, M'., cōs. a.191 Antiochum ad Thermopylās vīcit **50**.140,214,248,268

Acīlius Glabriō, M'., cōs. a. 67 Lūcullō imperātōrī successit bellō Mithridāticō III **53**.(249); **54**.267

Acrocorinthus -ī *f*, arx Corinthī **50**.108

Actium, prōmunturium Ēpīrī; ibi Octāviānus M. Antōnium classe vīcit a. 31 **36**.105,142; *adi* **Actiacus 42**.310

Adherbal -is *m*, Micipsae fīlius, ā Iugurthā occīsus **52**.19,90,118,161-186,213-352,414

Adramyttium, cīvitās Asiae **51**.73; **Adramyttēnus**, cīvis **53**.360

Aeētēs -ae *m*, rēx Colchidis **54**.(214)

Aegaeum, mare, inter Graeciam et Asiam **25**.140; **26**,90; **38**.18

Aegātēs -ium *f pl*, īnsulae ad Siciliam **46**.(415)

Aegeus, rēx Athēniēnsium, Thēseī pater **25**.133

Aeginium, cīvitās Thessaliae **50**.540

Aegyptus -ī *f*, regiō Āfricae **1**.5; **27**.43; **46**. 434; **54**.611; **56**.40; **Aegyptiī**, gēns **32**.32

Aelius, pōns, in Tiberī ab imperātōre P. Aeliō Hadriānō factus **36**.345

Aelius Paetus, P., cōs. a. 201 **48**.858

Aelius Paetus, Q., cōs. a. 167 **50**.528

Aelius Tūberō, v. Tūberō

Aemilia, basilica, in forō Rōmānō **36**.70-85

Aemilia, via, Arīminō Placentiam ferēns **6**.2

Aemiliānus, v. Scīpiō Aemiliānus

Aemilius, Mām., dictātor a. 437 Fidēnātēs vīcit **46**.100

Aemilius Lepidus, M., cōs. a. 137, prōcōs. ā Vaccaeīs victus **51**.180

Aemilius Lepidus, M., cōs. a. 78 **53**.154

Aemilius Papus, L., cōs. a. 225 Gallōs vīcit **46**.458,463

Aemilius Papus, Q., cēnsor a. 275 **47**.128

Aemilius Paulus, L., cōs. a. 219, 216 ad Cannās occidit **48**.232,410,434,437,446,494,584; **49**.80,81

Aemilius Paulus, M., cōs. a.255 Poenōs classe vīcit, rediēns naufragium passus **46**.355,358

Aemilius Paulus Macedonicus, L., cōs. a. 182, 168 Perseum ad Pydnam vīcit **49**.246; **50**.295-671; **51**.116; **55**.11,118; **56**.73,77

Aemilius Rēgillus, L., praetor a. 190 Antiochum classe vīcit **50**.256,266

Aemilius Scaurus, v. Scaurus

Aenēadēs -um *m*, Aenēae sociī **39**.58,219

Aenēās -ae *m*, Anchīsae et Veneris fīlius, dux Trōiānōrum, Trōiā captā classe in Italiam profūgit **36**.364; **37-40**. *passim*

Aenēās Silvius, rēx Albānus III **41**.71

Aenēis -idis *f*, carmen P. Vergiliī dē Aenēā **35**.(212); **36**.366; **37**.-**40**.0; **46**.478

Aeolia, īnsulae suprā Siciliam **39**.21

Aeolus, rēx ventōrum **39**.22,28

Aequī, gēns Latiī **45**.110,155; **46**.130; **47**.71

Aeschylus, poēta tragicus Graecus **47**.45

Aeschylus, Cnidius, rhētor, Cicerōnem in Asiā docuit **53**.360

Aesculāpius, deus medicōrum **50**.560

Aetna, mōns Siciliae **13**.168; **38**.148,158

Aetōlia, regiō Graeciae **50**.146,155; **Aetōlī**, gēns **50**.15,131,171-269; **54**.122

Afrānius, L., cōs. a. 60, victus ā Pompēiō in Hispāniā **54**.599

Āfrī, incolae Āfricae (: Poenī) **46**.307-425; **48**.286,453,474,479

Āfrica, pars orbis terrārum **1**.5; **39**.2,58,205; **40**.83; **46**.333-399; **48**.221,233,748-846; **49**.52; **51**.7,11,37,65,103; **52** *passim*; **53**.140,146; **54**. 320,357; **56**.2; *adi* **Āfricānus 54**.302; **Āfricus 48**.14; *m* ventus **39**.30

Āfricānus, cognōmen, v. Scīpiō Āfricānus et Scīpiō Aemiliānus Āfricānus

Agamemnōn -onis *m*, dux Graecōrum **38**.94; *adi* **Agamemnonius 50**.549

Agassae -ārum *f*, cīvitās Thessaliae **50**.540

Agrigentum, oppidum Siciliae; *adi* **-īnus 47**.59

Agrippa -ae *m*, rēx Albānus x **41**.76,77

Agrippa, M. Vīpsānius, classī Augustī praefectus **36**.241; **thermae -ae 36**.243

Agrippīna, uxor imperātōris Claudiī **36**.299

Āiāx -ācis *m*, Oīleī filius, Cassandram violāvit **37**.128; **39**.18

Alba s. **Alba Longa,** urbs Latiī antīqua in monte Albānō condita ab Ascaniō, ā Tullō dēlēta **41**. 60,73,129; **43**.*passim*; **47**.21; **55**.283; *adi* **-ānus 41**.139,160; **55**.273; *pl* cīvēs **43** *passim*; **44**.71; *n* praedium **33**.61

Alba Silvius, rēx Albānus v **41**.74

Albānī, gēns Asiae **54**.547

Albānus, mōns, in Latiō **16**.70; **27**.45; **41**.59; **43**.313; lacus, **27**.52

Albīnus, A. Postumius, cōs. a. 242 **46**.408

Albīnus, A. Postumius, lēgātus ad rēgem Perseum victum missus, cōs. a. 151 **50**.402

Albīnus, A. Postumius, Sp. frāter, victus ā Iugurthā pācem fēcit, cōs. a. 99 **52**.436

Albīnus, L. Postumius, cōs. a. 229 Illyriōs vīcit **46**.454

Albīnus, Sp. Postumius, cōs. a.110 **52**.415,429

Albula = Tiberis, **41**.67,75,205

Alcmēna -ae *f*, Amphitryōnis uxor, quam Iuppiter amāvit **34**.46

Alexander (-drī) **Magnus,** rēx Macedonum a. 336– 323, magnam Asiae partem subēgit **46**.179; **47**.105,106,111; **49**.264,274; **50**.461,519,524

Alexandrīa, urbs Aegyptī in ōstiō Nīlī ab Alexandrō Magnō condita a. 331 **46**.179; **47**.137; **54**. 611; *adi* **-īnus 46**.289

Algidus, mōns, in Latiō **46**.78,91

Allia, parvus fluvius in Tiberim īnfluēns; ibi Rōmānī ā Gallīs victī sunt a. 390 **46**.113,135; **48**.524; *adi* **-ēnsis 48**.522

Alorcus, Hispānus ab Hannibale ad Saguntīnōs missus **48**.180,184

Alpēs -ium *f*, montēs Eurōpae altissimī **33**.53; **41**.43; **46**.458; **48**.264,739; **49**.57; **54**.578; **Alpicī,** incolae **49**.60

Amāzonēs -um *f*, fēminae mīlitantēs **39**.191

Ambrōnēs -um *m*, gēns Gallōrum **53**.4

Amīsus -ī *f*, oppidum Pontī, ā Lūcullō captum a. 71 **53**.226; **54**.200

Amphipolis -is *f*, urbs Macedoniae **50**.302,313, 445,505,572,590

Amphitryōn -ōnis *m*, dux Thēbānōrum **34**.46

Amūlius, rēx Albānus, ā Rōmulō et Remō interfectus **41**.82, 85,91,114,131; **55**.273,284

Amyntās -ae *m*, rēx Macedoniae, Philippī II pater **47**.105; **50**.515

Anchīsēs -ae *m*, Trōiānus, Aenēae pater **37**.91, 184,193,222,226,249; **38**.4,139,151,209;

39.250; **40**.130,277,289; **41**.15; **46**.475

Ancus Mārcius, Numae nepōs, rēx Rōmānōrum IV **44**.4-141,155,251,294; **55**.407

Andriscus, s. Pseudo-Philippus, Perseī fīlium sē esse simulāns rēgnum Macedoniae occupāvit, ā Q. Metellō victus a. 148 **51**.67,135

Andromachē -ēs *f*, Hectoris uxor **38**.77-91,127

Anicius, L., praetor a. 168 Gentium, rēgem Illyriōrum, vīcit **50**.299,382,530,533

Aniō -ēnis *m*, fluvius in Tiberim īnfluēns **43**.195; **44**.172,183; **46**.149; **48**.716

Anna, Dīdōnis soror **40**.6,13,20,176,183

Annius Luscus, T., cōs. a. 153, adversārius Tib. Gracchī **51**.235

Antemnae -ārum *f*, oppidum Latiī **42**.36; **-ātēs** -ium, incolae **42**.63,66,85

Anticyra, cīvitās Phōcidis **50**.48

Antiochus II, rēx Syriae a. 261–246 **46**.435

Antiochus III, rēx Syriae a. 223–187, Hannibalem profugum recēpit, ā M'. Acīliō et L. Scīpiōne Asiāticō victus **49**.17,149,154,163, 258; **50**.132-268; **54**.122

Antiochus VII, rēx Syriae a.138–129 **51**.203

Antiochus, philosophus Graecus, doctor Cicerōnis **53**.347

Antōnīnus Pius, prīnceps Rōmānus, Hadriānō successit a. 138 p.C. **36**.348,351

Antōnius, A., lēgātus ad rēgem Perseum victum missus **50**.402

Antōnius, C., cōs. a. 63 **54**.563

Antōnius, M., tr. pl. a. 167 **50**.622

Antōnius, M., ōrātor, cōs. a. 99 **53**.287

Antōnius, M., M. Antōniī ōrātōris nepōs, cōs. a. 44 cum C. Iūliō Caesare, victus ab Octāviānō ad Actium a. 31 **36**.106,128

Ap. = **Appius,** praenōmen **46**.89

Āpennīnus s. **Appennīnus,** mōns Italiae **48**.269; **49**.71; **50**.151

Apiolae -ārum *f*, oppidum Latīnōrum ā Tarquiniō Prīscō captum **44**.164

Apollō -inis *m*, deus, ōrāculō Delphicō praeest **31**.48; **36**.165,231; **37**.107; **38**.18,20,66; **50**. 545,635

Apollōnia, oppidum Illyricī **48**.701

Appennīnus, v. **Āpennīnus**

Appia, aqua, aquae ductus ab Ap. Claudiō Caecō aedificātus **36**.251; **46**.201

Appia, via, Rōmā Capuam et Brundisium ferēns, ab Ap. Claudiō Caecō mūnīta **6**.1; **36**.253; **46**.201

Appius, praenōmen (= Ap.) **36**.252

Āpūlia, regiō Italiae austrālis **46**.185,297; **48**. 416,576,596; **49**.79; **53**.215; *adi* **Āpulus,** *f* **48**. 554, *pl* incolae **48**.618,625

Aquīlius, M'., cōs. a. 129 **55**.12

Aquīlius, M'., cōs. a. 101 **54**.(84)
Aquīlius Flōrus, C., cōs. a. 259 **46**.329
Āra Māxima, in forō Boāriō **36**.178; **41**.190
Āra Pācis, in campō Mārtiō **36**.236
Arabia, regiō Asiae **1**.7; **Arabēs** -um *m*, incolae **50**.521
Arbocala, oppidum Vaccaeōrum, ab Hannibale captum **48**.73
Arcadia, media Peloponnēsī regiō **37**.11
Archelāus, dux Mithridātis, Graeciam occupāvit, ā Lūcullō victus **53**.81-94
Archilochus, poēta Graecus **47**.37
Archimēdēs -is *m*, Syrācūsānus doctissimus, bellō Pūnicō ii occīsus **48**.709; **55**.109
Ardea, oppidum Rutulōrum **45**.199,205, 249,322,331
Argī -ōrum *m*, urbs Peloponnēsī **37**.30,114; **39**.8; **46**.285; **50**.96,558
Argīlētum, via Rōmāna **36**.85,100,167; **42**.306
Ariadna, Mīnōis fīlia **25**.61-109; **26**.1,7,27
Arīcia, cīvitās Latīnōrum **45**.33
Arīminum, oppidum Umbriae maritimum **6**.4; **16**.18; **46**.294; **53**.134; **54**.592
Ariobarzānēs -is *m*, rēx Cappadociae populō Rōmānō amīcus **53**.72; **54**.9,96
Arīōn -onis *m*, fidicen Lesbius **29**.61-119
Aristō -ōnis *m*, Athēniēnsis, patriam Mithridātī trādidit **53**.79
Aristogītōn -onis *m*, Athēniēnsis, cum Harmodiō Hipparchum tyrannum occīdit a. 514 **47**.36
Aristotelēs -is *m*, philosophus Graecus nōbilissimus **47**.96,115
Armenēs -is *m*, Nabidis tyrannī fīlius, in triumphō Flāminīnī ductus **50**.125
Armenia, regiō Asiae **53**.233; **54**.545; **A. minor,** inter Pontum et Cappadociam **53**.65,231; *adi* **-iacus 53**.238; **-ius 54**.226; *pl* incolae **53**.241
Arpīnum, oppidum Latiī **53**.279
Arrūns -untis *m*, Dēmarātī fīlius, Lucumōnis /Tarquiniī Prīscī frāter minor **44**.99
Arrūns Tarquinius, Tarquiniī Prīscī fīlius minor **44**.301,368,371,378
Arrūns Tarquinius, Tarquiniī Superbī fīlius secundus **45**.176; **46**.19
Arx, pars Capitōliī cum templō Iūnōnis Monētae **36**.23,53,328; **42**.103,126; **44**.70
Ascanius s. Iūlus, Aenēae et Creūsae fīlius, cum patre Trōiā fūgit **37**.185,210; **38**.97,128; **39**.263,271,273; **40**.52,78,92,229; **41**.55
Ascanius, Aenēae et Lāvīniae fīlius, rēx Albānōrum i **41**.25,50-70
Asia, (1) pars orbis terrārum **1**.7; **39**.142; **50**. 510,518; (2) eius pars Graeciae proxima **29**. 177; **37**.22; **44**.350; **47**.112; **49**.159,215; **50**.38, 89,255,281; **53**.298,343,358,361,380;

(3) prōvincia Rōmāna, ōlim rēgnum Pergamī **53**.54,64, 76,91,193; **54**. *passim*; **56**.41
Asiāticus, cognōmen **50**.262, v. **Scīpiō A.**
Asina, v. **Cornēlius Asina**
Aspar -is *m*, lēgātus Iugurthae ad Bocchum missus **52**.694
Astyanax -actis *m*, Hectoris et Andromachae fīlius **37**.(285)
Athēnae -ārum *f*, caput Atticae **25**.34; **47**.30,35, 45,81; **50**.551; **53**.79,85,347,352; *adi* **-iēnsis** **25**.33; **47**.44,74,126; **53**.80, **53**.80; *pl* cīvēs **25**.39; **47**.28,42,52,80,88,110; **55**.252
Atīlius Bulbus, C., cōs. a. 235 **46**.449
Atīlius Rēgulus, v. **Rēgulus**
Atīlius Serrānus, C., cōs. a. 106 **53**.280
Atlanticum, mare, s. **ōceanus Atlanticus**, **1**.53; **56**.197
Attalus III, Eumenis f., rēx Pergamī, rēgnum suum Rōmānīs lēgāvit a.133 **51**.231,233
Attica, regiō Graeciae **50**.158; *adi* **Atticus 47**.0
Atticus, T. Pompōnius, Rōmānus nōbilis, amīcus Cicerōnis (opus: Liber annālis) **49**.244
Atys -yis *m*, rēx Albānus vi **41**.74
Aufidius Orestēs, Cn., cōs. a. 71 **53**.219
Aufidus, flūmen Āpūliae **48**.421,424
Augustāna, domus, ab Domitiānō in Palātiō aedificāta **36**.21,317
Augustus, C. Iūlius Caesar Octāviānus, prīnceps Rōmānus a. 31 a.C.–14 p.C. **13**.138; **36**.17,105,273; **42**.310; **aedēs Dīvī Augustī 36**.143; **arcus Augustī 36**.142; **forum Augustī 36**.216; **mausōlēum Augustī 36**.238
Aulis -idis *f*, portus Boeōtiae unde classis Graecōrum Trōiam profecta est **50**.547
Aulus, praenōmen (= A.) **12**.15; **46**.408
Aurēlia, via, Rōmā Genuam ferēns **6**.2,5
Aurēlius Cotta, v. **Cotta**
Aventīnus/-um, mōns in quō Rōmae pars sita est **36**.6,188; **41**.146; **44**.71,78,355; **51**.275
Aventīnus Silvius, rēx Albānus xii **41**.79

B
Bacchus, deus vīnī **31**.28,183; **39**.292
Baebius, C., tr. pl. a. 111 **52**.389,403
Baebius, Q., post Saguntum captum lēgātus Carthāginem missus **48**.232
Baebius Tamphilus, Cn., cōs. a. 182 **49**.247
Baecula, cīvitās Hispāniae, ubi Scīpiō Hasdrubalem vīcit a. 208 **48**.737
Baleārēs/Baliārēs -ium *f*, īnsulae ad Hispāniam **48**.(286); *m* incolae **48**.286,448; **52**.649
Barca, cognōmen Hamilcaris, patris Hannibalis; *adi* **-īnus**, quī Hamilcarī Barcae et Hannibalī favet **48**.21,142,642; *pl* factiō Barcīna **48**.34
Bellōna, dea bellī, cuius aedēs extrā pōmērium,

in campō Mārtiō, sita est **50**.*29*
Beneventum, oppidum Samniī **46**.295; **48**.696
Beroea, oppidum Macedoniae **50**.305
Bessī, gēns Thrāciae **53**.251,253
Bēstia, v. **Calpurnius Bēstia**
Bethlehem *n indēcl,* oppidum Iūdaeae **28**.22
Bibulus, M. Calpurnius, cōs. a.59 **54**.573,590
Bithȳnia, regiō Asiae **49**.221; **53**.68,74,191,193, 225; **54**.7; **Bithȳniī,** incolae **49**.202
Bitocus, mīles Gallus quī Mithridātem rogantem interfēcit **54**.553
Blaesus, v. **Semprōnius Blaesus**
Boārium, forum, Rōmae, ad Tiberim **36**.176
Bocchus, rēx Maurētāniae, Iugurtham adiūvit, tum Rōmānīs trādidit **52**.450,592-700
Boeōtia, regiō Graeciae **50**.156; **Boeōtī,** gēns **51**.123
Bomilcar -is *m,* amīcus Iugurthae **52**.420-431
Bosporus (Cimmerius), (1) terra ad mare Ponticum septentriōnālis **53**.66; **Bosporānī,** incolae **54**.58; (2) oppidum, caput Bosporī terrae (= Panticapaeum) **54**.543
Britannia, magna īnsula **1**.9,28; *adi* **Britannicus,** ōceanus **54**.576
Brundisium, oppidum Italiae **1**.33; **50**.113,633; **54**.365; **Brundisīnī,** cīvēs **46**.298
Bruttiī, gēns et regiō Italiae austrālis **46**. 236; **48**.618,625
Brūtus, cognōmen gentis Iūniae **45**.180
Brūtus, D. Iūnius, cōs. a. 138 **51**.161,179
Brūtus, L. Iūnius, Tarquinium Superbum Rōmā exēgit, cōs. a. 509 **36**.36; **45**.177,193, 254-342, 398,410; **46**.9,19,21,28; **55**.421
Brūtus, M. Iūnius, senātor, cum C.Cassiō aliīsque Caesarem interfēcit a. 44 **36**.199,215; **53**. (277),301
Būsa, mulier Āpula, post Cannās Rōmānōs victōs iūvit **48**.555
Būthrōtum, oppidum Ēpīrī maritimum **38**.74
Bȳzantium, oppidum Thrāciae **53**.201

C

C. = **Gāius,** praenōmen **36**.122
Cabīra -ōrum *n,* oppidum Pontī **53**.227
Cabylē -ēs *f,* cīvitās Thrāciae **53**.254
Cācus, pāstor ferōx, ab Hercule interfectus **41**.166,179
Caecilius, poēta cōmicus Rōmānus **47**.161
Caecilius Metellus, v. **Metellus**
Caelius, mōns, in quō Rōmae pars sita est **36**.7, 285,298; **43**.292; **44**.70
Caenīna, oppidum Latiī, ā Rōmulō captum **42**.35; **Caenīnēnsēs,** cīvēs **42**.63,66
Caepiō -ōnis, cognōmen gentis Servīliae
Caepiō, Cn. Servīlius, cōs. a. 253 classe in

Āfricam profectus **46**.370
Caepiō, Q. Servīlius, cōs. a. 140 Viriāthum necandum cūrāvit **51**.155
Caepiō, Q. Servīlius, cōs. a. 106, prōcōs. ā Cimbrīs victus **52**.718; **53**.3,280
Caepiō, Q. Servīlius, Q. f., bellō sociālī occīsus **53**.37
Caere *n indēcl,* oppidum Etrūriae **41**.37; **45**.334
Caesar -aris, cognōmen gentis Iūliae
Caesar, C. Iūlius, cōs. a. 59, Galliam pācāvit, bellō cīvīlī Cn. Pompēium vīcit, ā Brūtō, Cassiō aliīsque interfectus a. 44 (opera: Dē bellō Gallicō, Dē bellō cīvīlī) **13**.127; **32**.7,168; **36**.16,81,97,122,126,189-222; **40**.292; **53**. 301; **54**.566-615
Caesar, Sex. Iūlius, cōs. a. 91 **53**.30
Caesar Augustus, v. **Augustus**
Cāiēta, prōmuntūrium Latiī **40**.297
Calchēdōn -onis *f,* cīvitās Bithȳniae contrā Bȳzantium sita **53**.195
Caligula, C. Iūlius Caesar, prīnceps Rōmānus a. 37–41 p.C. **36**.17,195
Callicula, mōns Campāniae **48**.402,404
Callidromon -ī *n,* summus mōns Oeta **50**.160,197
Callimachus, poēta Graecus **47**.137
Calpurnius Bēstia, L., cōs. a. 111 pācem cum Iugurthā fēcit **52**.357-415
Camillus, M. Fūrius, dict. a. 396 Vēiōs cēpit, Rōmā pulsus, rediēns Gallōs Capitōlium obsidentēs vīcit **46**.104-145; **47**.83
Campānia, regiō Italiae **27**.55; **40**.286; **46**.184, 237,239; **48**.401; **53**.56; *adi* **Campānus,** **48**.598, v. **Capua**
Cannae -ārum *f,* vīcus Āpūliae, ubi Hannibal Rōmānōs vīcit a. 216 **48**.415,420,510,524, 587,616, 799; *adi* **-ēnsis, 48**.522,595,796; **49**.105
Canusium, oppidum Āpūliae **48**.552-567,585, 589
Capēna, porta, unde via Appia incipit **6**.16,75; **36**.253; **43**.129; **48**.717
Capetus, rēx Albānus VIII **41**.75
Capitōlium, mōns cum templīs et arce Rōmānā **19**. 47,50; **36**.6,22,27,56,169; **42**.74; **44**.70, 222; **46**.114; **47**.85,90; **48**.532; **50**.568, 667; **51**.239; **56**.43; *adi* **Capitōlīnus, clīvus 36**.131, **Iuppiter 36**.42, **mōns 36**.8,30; **42**.12
Cappadocia, regiō Asiae **53**.72; **54**.42,202
Capsa, oppidum Numidiae **52**.544,560,565, 590; **Capsēnsēs,** cīvēs **52**.575
Capua, caput Campāniae **6**.4; **36**.253; **48**.601-626, 706,719; **53**.117,210; *adi* **Campānus 48**.598; *pl* cīvēs **48**.606,611,686,720,721
Capys -yis *m,* rēx Albānus VII **41**.74

Caranus, prīmus rēx Macedonum **50**.511
Carbō -ōnis, cognōmen gentis Papīriae
Carbō, C. Papīrius, tr.pl. a. 130, triumvir agrō dīvidendō, cōs. a.120 **51**.243,250
Carbō, Cn. Papīrius, cōs. a. 85,84,82 in Siciliā ā Pompēiō interfectus **53**.123,133,139
Carcer, prope forum Rōmānum, ab Ancō rēge aedificātus **36**.154; **44**.84
Carīnās -ātis *m*, dux Mariānus **53**.129
Carmentis -is *f*, Euandrī māter, vātēs **37**.10; **41**.182
Carpetānī, gēns Hispāniae **48**.75,83,88
Carrhae -ārum *f*, cīvitās Mesopotamiae ubi Crassus ā Parthīs victus occidit a. 53 **54**.582
Cartala, cīvitās Hispāniae **48**.68
Carthāgō/Karthāgō -inis *f*, urbs Āfricae **39**.2, 6,130,145,159; **40**.73,87,266,271; **46**.339,396, 428; **48**.*passim*; **49**.28,47,140,147; **51**.2-136, 214,273,284; **56**.34,39; *adi* **-iniēnsis 39**.110; **48**.22,236,786; **49**.1,126; *pl* cīvēs **46**.324-447; **47**.2,12; **48**.*passim*; **49**.122,137; **50**.6,288; **51**. 7-103; **52**.7,12,194
Carthāgō Nova, urbs Hispāniae **48**.70,255,730
Carvīlius Rūga, Sp., Rōmānus, prīmus dīvortium cum uxōre fēcit a. 235 **47**.152
Casilīnum, oppidum Campāniae **48**.401,799
Cassandra, Priamī fīlia, vātēs **37**.78,127
Cassius, C., senātor, cum M. Brūtō aliīsque Caesarem interfēcit a. 44 **36**.199,215
Cassius, L., historicus Rōmānus **47**.22
Cassius, Sp., T. Lārciō dictātōrī magister equitum **46**.47
Cassius Longīnus, L., praetor a. 111 Iugurtham Rōmam dūxit, cōs. a. 107 **52**.382,386
Castor -oris *m*, Iovis fīlius, Pollūcis frāter geminus, cuius aedēs in forō Rōmānō sita est **36**.132,138; **47**.197-201
Catadūpa -ōrum *n*, aquae cadentēs Nīlī **56**.164
Catilīna, L. Sergius, senātor sēditiōsus, ā Cicerōne Rōmā pulsus **36**.174; **54**.556-563
Catina, oppidum Siciliae; **Catinēnsēs 46**.313
Catō -ōnis, cognōmen gentis Porciae
Catō, L. Porcius, cōs a. 89 in bellō sociālī occīsus **53**.38
Catō, M. Porcius (1), cōs. a. 195 Hispāniam citeriōrem pācāvit; bellum Pūnicum suāsit (opera: Orīginēs, Dē agrī cultūrā) **47**.159; **50**. 92,183,197,211; **51**.4-63; **55**.247,264
Catō, M. Porcius (2), nepōs M. Catōnis (1), adversārius Caesaris **54**.591
Catullus, C. Valerius, poēta Rōmānus (opus: Carmina) **34**.80-156
Catulus, C. Lutātius, cōs. a. 242 Poenōs classe dēvīcit **46**.408,409,413
Catulus, Q. Lutātius, cōs. a. 102, cum Mariō

Cimbrōs vīcit a. 101 **53**.15,21,27
Catulus, Q. Lutātius, cōs. a. 78 **53**.154
Caucasus, mōns Asiae **56**.201,308
Caudex -icis, cognōmen, v. **Claudius Caudex**
Caudium, vīcus Samniī ubi Rōmānī ā Samnitibus victī sunt a. 321 **46**.(195); **47**.120
Celerēs -um *m*, CCC equitēs ā Rōmulō īnstitūtī **42**.227; **45**.303
Celtibērī, gēns Hispāniae **51**.147
Centēnius, praetor a. 217 cum IV mīlibus equitum circumventus **48**.379; **49**.77
Centhō -ōnis, v. **Claudius Centhō**
Ceraunia -ōrum *n*, prōmunturium Ēpīrī **38**.131
Cerēs -eris *f*, Sāturnī fīlia, dea frūgum **36**.164; **37**.236,254; **40**.35
Cethēgus, C. Cornēlius, senātor, cum Catilīnā coniūrāvit **54**.557
Chaerōnēa, oppidum Boeōtiae, ubi Philippus Athēniēnsēs vīcit a. 338 **47**.110
Chalcis -idis *f*, caput Euboeae **50**.134-145,206, 208,545,547; **51**.131; *adi* **Chalcidēnsis 50**.136, *pl* incolae **51**.123
Chāonia, regiō Ēpīrī **38**.95
Charybdis -is *f*, vorāgō in fretō Siculō **28**.142; **38**.114,151
Chios -ī *f*, īnsula maris Aegaeī **1**.43
Christus, Deī fīlius, Bethlehem nātus **16**.132; **28**.21; **Christiānī 31**.142,147
Cicerō -ōnis, cognōmen gentis Tulliae
Cicerō, M. Tullius, nōbilissimus ōrātor, a. 75 quaestor Lilybaeī, praetor a. 66 lēgem Māniliam suāsit, cōs. a. 63 Catilīnam expulit (opera: Ōrātiōnēs, Epistulae, Ōrātōria, Philosophica) **36**.94,173; **43**.337,338; **53**.275-302, 407; **54**.0,561; **55**.0; **56**.0
Cicerō, Q. Tullius, M. frāter **53**.282
Cilicia, regiō Asiae **53**.156,178,179,273; **54**. 367,545
Cimbrī, gēns Germānōrum **53**.3-25; *adi* **Cimbricus 53**.1,13
Cincinnātus, L. Quīnctius, dict. a. 458 exercitum Rōmānum līberāvit **46**.80
Cincinnātus, L. Quīnctius, Māmercō Aemiliō dictātōrī magister equitum a. 437 **46**.101
Cincinnātus, T. Quīnctius, dict. a. 380 Praeneste cēpit **46**.133,147
Cineās -ae *m*, Pyrrhī lēgātus **46**.249,258
Cinna, L. Cornēlius, cōs. a. 87, 86, 85, 84, Mariānus **53**.64,107
Circus Māximus, Rōmae, ā Tarquiniō Prīscō cōnstitūtus **36**.189,265; **41**.208; **44**.166
Cirta, caput Numidiae **52**.276-320,344,414,542, 629,637
Cisauna, oppidum Samniī **51**.0
Citium, oppidum Cyprī; *adi* **Citiēnsis 47**.127

Clastidium, oppidum Ligurum ad Padum **49.**66
Claudia, aqua, aquae ductus ab imperātōre
Claudiō aedificātus **36.**258
Claudius (Nerō Germānicus, Tib.), prīnceps
Rōmānus a. 41–54 p. C. **36.**259; **templum Dīvī
Claudiī,** in monte Caeliō **36.**298
Claudius, Ap., decemvir a. 451–449 **46.**89
Claudius, Ap., cōs. a. 268 **46.**293
Claudius Caecus, Ap., cēnsor a. 312 viam
Appiam strāvit **36.**252; **46.**200; **47.**141
Claudius Canīna, C., cōs. a. 273 **46.**287
Claudius Caudex -icis, **Ap.,** cōs. a. 264 dē
Hierōne triumphāvit **46.**308,309; **47.**134
Claudius Centhō, C., cōs. a. 240 **47.**140, 145
Claudius Mārcellus, v. **Mārcellus**
Claudius Nerō, C., cōs. a. 207 Hasdrubalem
Barcam ad Metaurum vīcit **48.**742
Claudius Pulcher, Ap., cōs. a. 212, prōcōs.
Capuam cēpit **48.**560,562,706,719
Claudius Pulcher, Ap., cōs. a. 143, triumvir
agrō dīvidendō a. 133 **51.**223
Claudius Pulcher, Ap., cōs. a. 79, prōcōs. in
Macedoniā pugnāvit **53.**171
Claudius Pulcher, P., cōs. a. 249 ā Poenīs classe
victus **46.**401
Clīsthenēs, Athēniēnsibus lēgēs dedit **55.**254
Cloāca Māxima, quā aqua ē forō Rōmānō in
Tiberim dēdūcitur **36.**63; **45.**166
Cluentius, A., bellō sociālī Pīcentium et
Mārsōrum dux **53.**40,43
Cluilia, fossa, locus in viā Appiā v mīlia
passuum ā Rōmā **43.**36
Cluilius, Gāius, rēx Albānus ultimus **43.**13,38
Clypea, oppidum Āfricae **46.**337
Cn. = **Gnaeus,** praenōmen **36.**196
Cnidos -ī f, cīvitās Asiae; **Cnidius 53.**360
Colchis -idis f, regiō Asiae **54.**(214)
Collātia, oppidum Latiī, ā Tarquiniō Prīscō
Sabīnīs adēmptum **44.**198,199; **45.**220,231,
301,346; *adi* **Collātīnus 44.**203-206; *pl* cīvēs
44.200
Collātīnus, L. Tarquinius, Egeriī fīlius,
Lucrētiae marītus, cōs. a. 509 **45.**210-283,343,
348; **46.**10,11,28; **55.**419
Collina, porta, suprā Quirīnālem **53.**130
Colossus, statua Sōlis Rhodī sita, et Nerōnis
Rōmae **36.**284
Comitium, forī Rōmānī pars inter Cūriam et
Rōstra **36.**78-96,206; **48.**347
Concordiae, aedēs, in forō Rōmānō **36.**145,147
Cōnstantīnopolis -is f, urbs Thrāciae (= Bȳzan-
tium) **53.**202
Corcȳra, īnsula contrā Ēpīrum sita **50.**634
Corinthus/-os -ī f, urbs Graeciae ad Isthmum
26.101; **29.**101; **44.**391,397; **47.**89; **50.**49,100,

556; **51.**120,129,134; **54.**82; *adi* **Corinthius 44.**
97, *pl* cīvēs **50.**59
Coriolānus, v. **Mārcius Coriolānus**
Coriolī -ōrum m, oppidum Volscōrum ā Cn.
Mārciō Coriolānō captum a. 493 **46.**54; **49.**298
Cornēlia, P. Scīpiōnis Āfricānī fīlia, Ti. et C.
Gracchī māter **50.**(275)
Cornēlia, gēns, 50.670
Cornēlius Asina, Cn., cōs. a. 260 **46.**321,323
Cornēlius Cinna, L., v. **Cinna**
Cornēlius Dolābella, Cn., cōs. a. 283 Gallōs
vīcit **46.**213
Cornēlius Lentulus, v. **Lentulus**
Cornēlius Nāsīca, v. **Scīpiō Nāsīca**
Cornēlius Nepōs -ōtis m, scrīptor Rōmānus
(opera: Dē virīs illūstribus, Chronica I–III)
47.25,37,93; **49.**0
Cornēlius Rūfīnus, P., cōs. a. 290 Samnītēs
vīcit, cōs. II a. 277 **46.**206; **47.**129
Cornēlius Scīpiō, v. **Scīpiō**
Corniculum, oppidum Latīnōrum **44.**212
Corsica, īnsula **1.**27; **46.**329
Cortōna, oppidum Etrūriae **48.**280; *adi* **-ēnsis
48.**283
Corvīnus, cognōmen **46.**171; v. **Valerius C.**
Cossus, A. Cornēlius, tr. mīl. a. 437 spolia
opīma II rettulit **46.**(101)
Cotta, C. Aurēlius, cōs. a. 200 **49.**125; **50.**4
Cotta, C. Aurēlius, cōs. a. 75, ōrātor excellēns
53.375,382,383
Cotta, M. Aurēlius, C. frāter, cōs. a. 74 ā
Mithridāte aciē vīctus **53.**190,195
Cotys -yis m, rēx Thrāciae, Perseum contrā
Rōmānōs adiūvit **50.**286,413
Crannōn -ōnis f, oppidum Thessaliae **50.**143
Crassus, M. Licinius, Spartacum vīcit, cōs. a.
70,55, ad Carrhās victus et occīsus a. 53
53.215; **54.**566,580
Crassus, P. Licinius, cōs. a. 171 cum rēge
Perseō pugnāvit **50.**284
Cremera, fluvius in Tiberim īnfluēns, ibi CCC
Fabiī occidērunt a. 477 **46.**(71); **47.**56
Crēta, īnsula **1.**42; **25.**25; **38.**23; **49.**164; **50.**
422; *adi* **-ēnsis 50.**411; **51.**72; *pl* incolae **49.**
167,179 = **Crētēs** -um **55.**252; **-icus 53.**262
Crēticus, cognōmen, v. **Metellus Crēticus**
Creūsa, Priamī fīlia, Aenēae uxor
37.185,234-270
Crispīnus, T. Quīnctius, cōs. a. 208 ab Hanni-
bale circumventus effūgit **48.**733,735
Crispus, v. **Sallustius Crispus**
Critolāus, dux Achaeōrum, ā Q. Caeciliō
Metellō victus a. 146 **51.**125
Crixus, gladiātor, bellō servīlī dux **53.**210
Crustumerium, oppidum Latiī **42.**35; **44.**213;

Crustumīnī, incolae **42**.63,65,93

Cūmae -ārum *f*, oppidum Campāniae maritimum **40**.285,297; **48**.800; *adi* **Cūmānus**

Cupīdō -inis *m*, Veneris fīlius, deus amōris **19**.5,20; **39**.270,283; *pl* **Cupīdinēs 34**.88

Curēs -ium *f*, oppidum Sabīnōrum **42**.165,282; **55**.380

Cūria, aedificium in forō Rōmānō quō senātus convenit **36**.78,85; **44**.409-441; **48**.348,375, 580; **50**.348,358,371; **51**.267; **52**.218

Cūriātiī, trigeminī Albānī, cum Horātiīs pugnāvērunt **43**.68,101,104,166,176,341; *sg* **Cūriātius**, ex iīs ūnus **43**.108,344

Curiō -ōnis, **C. Scrībōnius**, cōs. a. 76, prōcōs. Dardanōs vīcit **53**.174,187

Curius Dentātus, M'., cōs. a. 290 Samnītēs, 275 Pyrrhum dēvīcit **46**.206,279,283

Cursor -ōris, v. **Papīrius Cursor**

Curtius, lacus, locus in forō Rōmānō **36**.64

Curtius, Mettius, dux Sabīnōrum **42**.120,136

Cyclōpēs -um *m*, pāstōrēs immānēs **38**.157,191, 203; *sg* **Cyclōps** -pis = Polyphēmus **38**.179, 180; *adi* **Cyclōpius 39**.80

Cynoscephalae -ārum *f*, collēs in Thessaliā ubi Philippus dēvictus est a. 197 **50**.19

Cyprius, vīcus, ad Ēsquiliās dūcit **44**.443

Cyprus -ī *f*, īnsula **39**.155

Cyrēnae -ārum *f*, oppidum Libyae; *adi* **Cyrēnēnsis 47**.137

Cyzicus -ī *f*, cīvitās Asiae **53**.197,199; *adi* **Cyzicēnus 53**.223; *pl* cīvēs **54**.190

D

D. = **Decimus**, praenōmen **51**.179

Dācia, regiō ultrā Dānuvium īnferiōrem **36**.335

Daedalus, Athēniēnsis, labyrinthum in Crētā aedificāvit **25**.33,73; **26**.*passim*

Dalmatae -ārum *m*, gēns Illyricī **53**.98

Danaī, Graecī **37**.43,46,49,115; **38**.71; **39**.300

Dānuvius, flūmen Eurōpae in mare Ponticum īnfluēns **1**.19; **12**.68; **53**.175,254

Dardanī, gēns inter Illyricum et Thrāciam incolēns **50**.291,389; **53**.97,175

Dardania, Trōia **37**.113; **38**.32; *adi* **Dardanius**, Trōiānus **40**.73,245,261

Daunia/-ās -ae *f*, Āpūlia **56**.315

Decimus, praenōmen (= D.) **12**.15; **51**.161

Decius Mūs -ūris, **P.**, cōs. a. 279 Pyrrhum fugāvit **46**.263

Dēlos -ī *f*, īnsula maris Aegaeī Apollinī sacra **38**.19,23

Delphī -ōrum *m*, oppidum Phōcidis et ōrāculum Apollinis **1**.36; **45**.172,183; **50**.544,635

Dēmarātus, Corinthius, in Etrūriam profūgit, Tarquiniī Prīscī pater **44**.96

Dēmētrium, portus Samothrācae **50**.414

Dēmētrius, Philippī V fīlius **50**.124

Dēmētrius Syrus, rhētor, Cicerōnem Athēnīs docuit **53**.352

Dēmocritus, philosophus Graecus **47**.73

Dēmosthenēs -is *m*, ōrātor Athēniēnsis **47**.116

Diaeus, dux Achaeōrum **51**.126

Diālis, flāmen, Iovis sacerdōs **42**.330

Diāna, Iovis fīlia, dea vēnātōrum **36**.164; **39**. 103,195; **44**.349,355; **49**.172; **50**.549

Dīdō -ōnis *f*, Tyria, rēgīna Karthāginis **35**.(221) **39**.112-297; **40**.*passim*

Diodotus, philosophus Stōicus doctor Cicerōnis **53**.289,306

Diogenēs -is *m*, Archelāī fīlius, bellō Mithridāticō I occīsus **53**.93

Dionȳsius I, tyrannus Syrācūsānus a. 430–367 **47**.80

Dionȳsius II, tyrannus Syrācūsānus a. 367–344 **47**.108

Dionȳsius Magnēs -ētis *m*, rhētor, Cicerōnem in Asiā docuit **53**.359

Dolābella, v. **Cornēlius Dolābella**

Domitiānus, T. Flāvius, Vespasiānī fīlius minor, prīnceps Rōmānus a. 81–96 p.C. **36**.19,42,158,159,315-322

Domitius, Cn., dux partis Mariānae, in Āfricā ā Pompēiō interfectus **53**.140,141

Domitius, L., praetor a. 78 in Hispāniā occīsus **53**.162,163

Dōnātus, Aelius, grammaticus Rōmānus **35**.0

Dracō -ōnis *m*, Athēniēnsibus lēgēs scrīpsit **55**.254

Drepanum, portus Siciliae **38**.208

Duīlius, C., cōs. a. 260 Poenōs classe vīcit **46**.321,323

E

Ēgeria, dea quam Numa dē rēbus dīvīnīs cōnsulēbat **42**.317

Egerius, Arruntis fīlius, Collātiae in praesidiō relictus **44**.104,199; **45**.210

Elatēa, oppidum Phōcidis **50**.35,48,111

Empedoclēs -is *m*, philosophus Agrigentīnus **47**.59

Ennius, Q., poēta Rōmānus (opus: Annālēs) **32**. 113; **36**.162; **47**.147,150,160; **48**.(406); **56**.26

Epamīnōndās -ae *m*, dux Thēbānōrum quī Lacedaemoniōs vīcit a. 371 **47**.99

Ephesus -ī *f*, cīvitās Asiae **44**.350; **49**.259; **50**.208; **53**.75

Epicūrus -ī *m*, philosophus Athēniēnsis **47**.126

Epidaurus -ī *f*, oppidum Peloponnēsī **50**.559

Ēpīrus -ī *f*, regiō Graeciae **36**.106; **38**.73,77, 93; **46**.218,260; **50**.13,112,153

Eryx -ycis *m*, mōns Siciliae **38**.208,212; **39**.223
Ēsquiliae, mōns in quō Rōmae pars sita est **36**.7,247,277,343; **44**.344,466
Etrūria, regiō Italiae **41**.42,; **44**.94; **45**.160; **48**.275,340,354; **49**.71; **54**.560; *adi* **Etrūscus 43**.57; *pl* gēns **41**.36,63-66; **43**.60,149,301; **44**.108,123,303; **45**.335
Euander -drī *m*, Mercuriī et Carmentis fīlius, ex Arcadiā in Latium vēnit **37**.10; **41**.161-195
Euboea, īnsula Graeca **1**.43; **50**.61,134,157,209, 546
Eudoxus, astrologus Graecus **47**.87
Eumenēs -is *m*, rēx Pergamī, Rōmānōs contrā Antiochum adiūvit **49**.186,187,198; **50**.259, 263,281; **51**.233
Euphrātēs -is *m*, flūmen Asiae **53**.(235)
Eurīpidēs -is *m*, poēta tragicus Graecus **47**.72,143
Eurīpus -ī *m*, fretum inter Euboeam et Boeōtiam **50**.545
Eurōpa, pars orbis terrārum **1**.1; **39**.141; **50**.38, 510,516
Eutropius, historicus Rōmānus **46**.0; **48**.408; **53**.0; **54**.571

F

Fabia, familia s. **gēns, 46**.68; **50**.671
Fabiī, CCC nōbilēs ad Cremeram occīsī **47**.57
Fabius, K., cōs. a. 479 **46**.67
Fabius Labeō -ōnis, **Q.,** cōs. a. 183 **49**.245
Fabius Licinus, C., cōs. a. 273 **46**.287
Fabius Māximus, Q., cōs. a. 292 victus ā Samnītibus, quōs posteā vīcit **46**.202
Fabius Māximus, Q., tr. mīl. a. 216, cōs. a. 213 **48**.557
Fabius Māximus Aemiliānus, Q., L. Aemiliī Paulī fīlius māximus **50**.303,315,326,539,609
Fabius Māximus Cūnctātor, Q., cōs. a. 233, 228, 215,214,209, lēgātus Carthāginem missus a. 218, dict. a. 217 Hannibalem frūstrātus est, **48**.231, 239,382-411; **49**.87,89; **54**.497
Fabius Māximus Rulliānus, Q., L. Papīriō dictātōrī magister equitum, cōs. a. 322,310, 308, 297,295 **46**.187,204
Fabius Māximus Servīliānus, Q., cōs. a. 142, prōcōs. Lūsitāniae partem recēpit **51**.148,152
Fabius Pictor -ōris, **C.,** cōs. a. 269 **46**.291
Fabius Pictor, Q., historicus Rōmānus **44**.340; **46**.460
Fabricius Luscinus, C., lēgātus ad Pyrrhum missus, cōs. II a. 278 cum Pyrrhō pugnāvit, cēnsor a. 275 **46**.243,267-277; **47**.128
Faleriī -ōrum *m*, oppidum Etrūriae **46**.107
Falernus, ager, regiō Campāniae **30**.124; **49**.87; **Falernum,** vīnum **30**.124

Fannius, C., cōs. a. 122 **55**.7,64
Fāstī -ōrum *m*, Ovidiī carmen dē diēbus annī **36**. (184,358); **41**.198; **42**.379; **44**.453; **45**.345
Faunus, Pīcī fīlius, rēx Latiī **37**.9,12,15
Faustīna, Antōnīnī Piī uxor **36**.350
Faustulus, pāstor rēgis Amūliī, Rómulum et Remum īnfantēs sustulit **41**.103,118,123
Ferentīna, dea Latīnōrum **45**.28,84
Feretrius, Iuppiter, cui spolia opīma feruntur; templum in Capitōliō **42**.77; **44**.89
Fīculea, oppidum Latiī **44**.213
Fidēnae -ārum *f*, oppidum Latiī **42**.188,191, 195; **43**.196; **46**.98,102; *adi* **Fidēnās** -ātis **43**.259; **Fidēnātēs,** cīvēs **42**.174,184,201; **43**. 190-218; **46**.96; **47**.70
Flaccus, v. **Fulvius F., Valerius F.**
Flāminia, via, Rōmā Arīminum ferēns **6**.2,4; **36**.193
Flāminīnus, v. **Quīnctius Flāminīnus**
Flāminius, C., cōs a. 223 Īnsubrēs vīcit, cēnsor a. 220 viam et circum fēcit, cōs. II a. 217 ad Trasumennum occidit **36**.193; **48**.275,291, 356; **49**.75
Flāminius, circus, in campō Mārtiō **36**.192
Flāviī, imperātōrēs: Vespasiānus, Titus, Domitiānus **36**.296
Flāvium, amphitheātrum, īnfrā Ēsquiliās ā Vespasiānō aedificātum **36**.293
Forum Rōmānum, īnfrā Capitōlium et Palātium **19**.48; **36**.60; **42**.138
Fregellae -ārum *f*, oppidum Latiī **49**.130
Fūfētius, v. **Mettius Fūfētius**
Fulvius Centumalus, Cn., cōs. a. 229 Illyriōs vīcit **46**.454
Fulvius Flaccus, M., cōs.a.264 **46**.308; **47**.135
Fulvius Flaccus, M., triumvir agrō dīvidendō, cōs. a. 125, cum C. Gracchō occīsus **51**.249, 278,318; **52**.234
Fulvius Flaccus, Q., cōs. a. 237 **46**.441
Fulvius Flaccus, Q., cōs. a. 212 Capuam recēpit **48**.706,719,722
Fulvius Flaccus, Q., cōs. a. 179 **50**.512
Fulvius Nōbilior, Ser., cōs. a. 255 Poenōs classe vīcit **46**.355
Furiae, deae ultrīcēs **40**.235; **45**.326
Fūrius, L., cōs. a. 196 **49**.146
Fūrius Camillus, L., cōs. a. 349 **46**.163
Fūrius Camillus, M., v. **Camillus**
Fūrius Pacilus, C., cōs. a. 251 **46**.377
Fūrius Philus, L., cōs. a.136 **55**.3,44,49,56,58, 80,88,107,143
Fūrius Philus, P., cōs. a.223, praetor a. 216 **48**.579
Fuscus, Aristius, amīcus Horātiī **56**.301,305

G

Gabiī -ōrum *m*, oppidum Latiī **45**.90-155,335; *adi* **Gabīnus 45**.119-153, *pl* cīvēs **45**.115-132
Gaetūlī, gēns Āfricae **40**.26,117; **52**.449,540, 602,622
Gāius, praenōmen (= C.) **12**.15; **32**.7
Galba, v. **Sulpicius Galba**
Gallaecī, gēns Hispāniae **51**.180
Gallī Senonēs v. **Senonēs**
Gallia, regiō Eurōpae **1**.6; **12**.63; **48**.263; **49**.58; **52**.722; **53**.384; **54**.321,361,574,577,589; regiō Italiae **46**.295; **Gallī**, incolae **12**.88; **46**.111,117, 147-163,211,458-470; **47**.85,90; **48**. 450-478; **52**.717; **53**.5,9; **54**.322, *sg* **46**.150,167,472, **54**.552; *adi* **Gallicus 46**.(458)
Gangēs -is *m*, flūmen Indiae **56**.202
Gellius, A., scrīptor Rōmānus (opus: Noctēs Atticae I–XX) **47**.0,167,195
Geminus, v. **Servīlius Geminus**
Genetrīx -īcis *f*, cognōmen Veneris **36**.208
Gentius, rēx Illyriōrum **50**.291,298,380,457
Genua, oppidum Ligurum **6**.5; **16**.18
Genūcius, L., cōs. a. 365 **46**.145
Germānia, regiō Eurōpae **1**.8; **12**.62; **Germānī**, incolae **12**.61; **33**.98; **53**.5
Gēryōn -onis *m*, mōnstrum ab Hercule interfectum **41**.162
Gisgō -ōnis *m*, Hasdrubalis pater **48**.756
Glabriō -ōnis, v. **Acīlius Glabriō**
Gnaeus, praenōmen (= Cn.) **32**.25; **36**.196
Gortȳna, oppidum Crētae; **Gortȳniī**, cīvēs **49**.165,175
Gracchī, Ti. et C. Gracchus **51**.255,315,319
Gracchus, C. Semprōnius, tr.pl. a. 123, 122, ā L. Opīmiō cōs. interfectus **51**.222,247-275,311, 317; **52**.234
Gracchus, Ti. Semprōnius, cōs. a. 215, 213, prōcōs. in Lūcāniā occīsus **48**.686,695; **49**.98
Gracchus, Ti. Semprōnius, tr. pl. a. 187 prō L. Scīpiōne intercessit; cōs. a. 177,163 **50**.273
Gracchus, Ti. Semprōnius, tr. pl. a. 133 lēgēs agrāriās tulit, ab optimātibus occīsus **51**.217, 236,238,246,311,315; **55**.123
Graecia, regiō Eurōpae **1**.1; *passim*; *adi* **Graecus 1**.39; *pl* incolae **12**.94; *passim*
Grāius = Graecus, **49**.59; *pl* **38**.37; **40**.75; **56**. 103; **saltus Grāius**, in Alpibus **49**.60
Gulussa -ae *m*, Masinissae fīlius **51**.2,8,28,82; **52**.19,412

H

Hadriānus, P. Aelius, prīnceps Rōmānus a. 117– 138 p.C. **36**.338,345,348
Hadriāticum, mare = mare Superum **16**.2
Hadrūmētum, oppidum Āfricae maritimum

48.813; **49**.116,120
Haemus, mōns Thrāciae **53**.252
Hamilcar -is **Barca**, dux Carthāginiēnsium, pater Hannibalis, **46**.333; **48**.13,18,44,616; **49**.1,26
Hannibal, Hamilcaris Barcae fīlius, dux Carthāginiēnsium bellō Pūnicō II **48**.-**49**.*passim*; **52**.8; **53**.8,212
Hannō -ōnis *m*, Carthāginiēnsis, Hannibalis adversārius **48**.36,41,146,162,642-678,789
Harmodius, Athēniēnsis, cum Aristogītone Hipparchum tyrannum interfēcit a. 514 **47**.35
Harpȳiae, mōnstra **38**.59
Hasdrubal -is *m*, Hamilcaris Barcae gener, dux Carthāginiēnsium, in Hispāniā interfectus a. 221 **48**.19,25,29,33,49,60; **49**.44
Hasdrubal, ad Cannās dux equitum Gallōrum et Hispānōrum **48**.457
Hasdrubal, Hannibalis frāter, dux Carthāginiēnsium, in Hispāniā victus ā Scīpiōnibus, cum exercitū Alpēs trānsgressus ad Metaurum victus occidit **48**.684,737,739,744; **49**.52
Hasdrubal, Gisgōnis f., dux Carthāginiēnsium, ā Scīpiōne in Āfricā victus **48**.755-770
Hasdrubal, dux Carthāginiēnsium bellō Pūnicō III **50**.55,106,112,136
Hector -oris *m*, Priamī fīlius, dux Trōiānōrum fortissimus, ab Achille occīsus **25**.9; **35**.212; **37**.92,94; **38**.78,82,87; **39**.186,298
Hecuba, Priamī coniūnx **37**.153
Helena, Iovis fīlia pulcherrima, Menelāī uxor, ā Paride rapta **31**.163; **39**.266
Helenus, Priamī fīlius **38**.75,92-126
Helvētiī, gēns Gallōrum **54**.575
Hēraclēa, oppidum prope Thermopylās, ā Rōmānīs captum a. 191 **50**.172,179,214,216,244
Herculēs -is *m*, Iovis fīlius, deus Graecus **34**.52; **36**.179,180; **41**.158-195; **47**.196-200; **49**.59; **55**.374; *adi* **Herculāneus 47**.200
Herennius, bellō sociālī Pīcentium et Mārsōrum dux **53**.40
Hermandica, cīvitās Vaccaeōrum **48**.72,75
Hernicī, gēns Latiī **45**.110
Hēsiodus, poēta Graecus **47**.18,23
Hesperia = Italia **37**.272; **38**.37; **39**.207,222
Hiarbās -ae *m*, rēx Maurētāniae, ā Pompēiō interfectus **53**.141
Hibērī, gēns Asiae longinqua **54**.547
Hibērus, flūmen Hispāniae **48**.26,89,109, 246,270
Hiempsal -is *m*, Micipsae fīlius, ā Iugurthā occīsus **52**.20,90,118-156,212,225
Hierius Asinius, bellō sociālī Pīcentium et Mārsōrum dux **53**.39
Hierō -ōnis *m*, rēx Siculōrum a. 269–215 **46**.310,

315,438,442
Hierosolyma -ōrum *n*, urbs Iūdaeōrum **36**.302,306; **54**.554
Himilcō -ōnis *m*, Carthāginiēnsis, fautor Hannibalis **48**.641-665
Hipparchus, tyrannus Athēniēnsis ab Harmodiō et Aristogītone occīsus a. 514 **47**.36
Hippiās -ae *m*, Hipparchī frāter māior, tyrannus Athēniēnsis a. 527–510 **47**.37
Hippocratēs -is *m*, medicus Graecus **47**.72
Hirtulēius, L., dux Sertōriī **53**.162
Hispānia, Eurōpae pars **1**.3; **12**.63; **48**.14,43,96, 104,221,270,684,711-747; **49**.27, 43-53; **51**.140-171; **52**.50,99; **53**.156,186; **54**.59,323; *pl* **48**. 727; **53**.160-169; **54**.361,598; **H. citerior** **50**.93, **ulterior 51**.179; **Hispānī,** incolae **12**.88; **32**.32; **48**.286,450-478; *sg* **48**.181; *adi* **Hispāniēnsis 54**.65,303
Homērus, poēta Graecus (opera: Īlias I–XXIV, Odyssēa I–XXIV) **47**.17,19,23,25; **56**.26
Horātia, virgō, P. Horātiī soror **43**.355
Horātia, Pila, locus in forō Rōmānō **43**.166
Hōrātiī, trigeminī Rōmānī, cum Cūriātiīs pugnāvērunt **43**.68
Horātius, P., ē trigeminīs ūnus, Cūriātiōs vīcit, sorōrem occīdit **43**.96-160,340,341
Horātius, P., pater eius quī Cūriātiōs vīcit, fīlium in iūdiciō dēfendit **43**.162
Horātius Cocles -itis, mīles Rōmānus, pontem Sublicium ab Etrūscīs dēfendit **47**.210
Horātius Flaccus, Q., poēta Rōmānus (opera: Carmina I–IV, Sermōnēs I–II, Epistulae I–II, Ars poētica) **34**.(262); **50**.680; **56**.300
Horātius Pulvillus, C., cōs. a. 477 **47**.55
Horātius Pulvillus, M., cōs. suf. a. 509 templum Iovis Capitōlīnī dēdicāvit **46**.26
Hortēnsius, Q., cōs. a. 69, ōrātor excellēns **53**.287,375-396
Hostīlia, cūria, ā Tullō Hostīliō in forō Rōmānō aedificāta **36**.82; **43**.296; **48**.580
Hostīlius, Tullus, v. Tullus
Hostius Hostīlius, dux Rōmānōrum bellō Sabīnō, avus Tullī rēgis **42**.120,122; **43**.3
Hydaspēs -is *m*, flūmen Indiae **56**.309

I

Iaïrus, prīnceps Iūdaeōrum **28**.64,67
Iāniculum, mōns trāns Tiberim situs, ab Ancō Rōmae adiectus **36**.26; **44**.79,118
Iānus, deus Rōmānōrum **13**.14; aedēs Iānī in forō Rōmānō **36**.100,106; **42**.306,312; **46**.(450); **Iānus Quirīnus 44**.36
Iarbās -ae *m*, rēx Gaetūlōrum **40**.117
Iāsōn -onis *m* **54**.(214)
Īcaria, īnsula maris Aegaeī **26**.120

Īcarium, mare, maris Aegaeī pars **26**.118
Īcarus, Daedalī fīlius **26**.*passim*
Īda, mōns Asiae prope Trōiam **37**.226; **38**.2
Iēsūs (-ū *m*) **Chrīstus,** Deī fīlius, Bethlehem nātus **16**.132; **28**.34
Īlias -adis *f*, Homērī carmen dē bellō Trōiānō
Īlioneus, Trōiānus, Aenēae socius **39**.202,246
Īlium = Trōia, urbs Asiae **37**.22,113; **38**.172; *adi* **Īliacus** = Trōiānus **39**.37; **40**.251
Illyricum, regiō Eurōpae ad mare Hadriāticum **50**.291,379,381,517,529,534;**54**.574; **Illyriī,** gēns **46**. 455,457; **50**.298,379,389,535
Illyricum, mare, mare Hadriāticum **54**.362
India, Asiae pars **50**.521
Īnferum, mare, īnfrā Italiam **16**.4; **48**.598
Īnsubrēs -um, gēns Gallōrum trāns Padum **46**. (465); **48**.775; *sg* **Īnsuber** -bris **48**.324
Internum, mare, 32.43
Īōn -is *m*, Thessalonīcēnsis **50**.438
Īonium, mare, inter Graeciam et Italiam et Siciliam **38**.48,58
Īopās -ae *m*, fidicen Tyrius **39**.295
Iovis = Iuppiter **36**.165
Iphigenīa, Agamemnonis fīlia **50**.(550)
Isauria, regiō Asiae **53**.187; **Isaurī,** incolae **53**.180; *adi* **Isauricus,** cognōmen **53**.183
Isthmus/-os -ī *m*, terra angusta inter Peloponnēsum et Atticam **26**.99; **50**.557; **51**.127; **Isthmia** -ōrum *n*, lūdicrum **50**.41,49
Italia, Eurōpae pars **1**.1; *passim*; *adi* **Italicus 53**.147, *pl* incolae **52**.344,351
Ithaca, īnsula maris Ioniī, patria Ulixis **38**.64, 178
Iuba, rēx Numidiae **56**.316
Iūdaea, regiō Asiae **28**.22; **Iūdaeī,** incolae **28**. 22; **32**.32; **36**.302-314; **54**.554; *sg* **28**.51
Iūgārius, vīcus, via Rōmāna **36**.168
Iugurtha, Mastanabalis fīlius, rēx Numidārum **52**.*passim*; **53**.2,161; *adi* **Iugurthīnus 51**.281; **52**. 0,279; **53**.10
Iūlia, basilica, in forō Rōmānō **36**.70,130,144
Iūlia, gēns, ā Iūlō, Aenēae fīliō, orta dīcitur **36**.209; **41**.56
Iūlium, forum, ā C. Iūliō Caesare cōnstitūtum **36**.216
Iūlius Caesar, v. Caesar
Iūlius Libō, L., cōs. a. 267 **46**.296
Iūlus, Aenēae et Creūsae fīlius (= Ascanius) **37**.216,220,234; **39**.279; **41**.55
Iūnius, L., cōs. a. 249 naufragiō classem āmīsit **46**.401
Iūnius Brūtus, v. Brūtus
Iūnius Pennus, M., cōs. a. 167 **50**.528
Iūnō -ōnis *f*, dea mātrōnārum, Iovis coniūnx et soror **19**.5,17; **36**.39,164; **38**.106,121,145;

39.3,15,24,170,292; **40**.35,57,235; **I. Monēta**, cuius templum in Arce est **36**.53
Iuppiter Iovis *m*, Sāturnī fīlius, summus deus **19**.10; **27**.24; **28**.86; **34**.47; **36**.362; **37**.114, 223; **39**.19; **40**.15,71,131,221,282; **41**.187; **42**. 125,298,326,329; **43**.332; **44**.26,30,36; **50**.566; **56**.321; **I. Capitōlīnus**, cuius aedēs est in Capitōliō **36**.42; **44**.222; **45**.96,158; **I. Feretrius**, cui spolia opīma feruntur **42**.77; **44**.89; **I. Optimus Māximus 19**.50; **36**.32, 38,49,316; **42**.133; **49**.28; **I. Stator** -ōris, cuius aedēs in īnfimō Palātiō sita est **36**.172; **42**.130; **44**. 280; **Iovis stēlla 56**.126
Iuventius, P., praetor a. 149, prōpraetor ab Andriscō victus occidit **51**.98

K

K. = **Kaesō**, praenōmen **46**.67
Kaesō -ōnis *m*, praenōmen (= K.) **18**.17; **46**.67
Karthāgō, v. **Carthāgō**

L

L. = **Lūcius**, praenōmen **36**.33
Lacedaemō -onis *f* = Sparta **50**.563; **Lacedaemonii**, cīvēs **46**.348,349; **47**.79,88,99; **50**.94,165, 177; **55**.252; *sg* **49**.253; **50**.125; **55**.371
Laelius, C., P. Scīpiōnī lēgātus Syphācem in Āfricā cēpit, cōs. a. 190 **48**.768; **50**.250
Laelius, C., cōs. a. 140, amīcus Scīpiōnis **55**. 5,60-113,133,168,210,230,345,465; **56**.57
Laevīnus, P. Valerius, cōs. a. 280 ā Pyrrhō victus **46**.222,228
Lalagē -ēs *f*, amīca Horātiī **56**.311,324
Lamia, oppidum Thessaliae **50**.147
Lampōnius, dux Mariānus **53**.128
Lāocoōn -ontis *m*, Trōiānus, Neptūnī sacerdōs **37**.42,54,58,68
Lārcius, T., dictātor a. 501 **46**.46
Lārentia, Faustulī uxor **41**.104
Lārīsa, oppidum Thessaliae **50**.142
Latīna, via, Rōmā Capuam ferēns **6**.1,3
Latīnae, fēriae, quotannīs in monte Albānō celebrantur **55**.11,14
Latīnī, Latiī incolae, v. **Latium**
Latīnus, Faunī fīlius, rēx Latiī **37**.15,21; **41**. 7,11,17,29,31
Latīnus Silvius, rēx Albānus IV **41**.71
Latium, regiō Italiae **27**.25; **37**.9,18; **39**.11,84; **40**.160; **45**.109; **50**.679; **53**.279; *adi* **Latīnus**, **1**.69; **44**.38,72,212,355; **45**.23,36,82; **48**.666; *pl* incolae **27**.26; **41**.34-66; **44**.12,44-77,163, 210,214,352; **45**.20-87; **46**.157,173; **56**.54
Laurentum, oppidum Latiī; *adi* **Laurēns** -entis **41**.4,14

Lāvīnia, Latīnī fīlia, Aenēae uxor **37**.17; **41**. 20,27,52,54,59
Lāvīnium, oppidum Latiī **41**.23,58; **42**.175-182
Lēmnos -ī *f*, īnsula maris Aegaeī **1**.43
Lentulus, Cn. Cornēlius, ad Cannās tribūnus mīlitum, cōs. a. 201 **48**.492,500,507,858
Lentulus, L. Cornēlius, cōs. a. 275 **46**.280
Lentulus, L. Cornēlius, cōs. a. 237 **46**.441
Lentulus, L. Cornēlius, Perseō victō Rōmam missus **50**.304,315,326
Lentulus, P. Cornēlius, lēgātus ad Perseum victum missus, cōs. suf. a. 162 **50**.401
Lentulus, P. Cornēlius, cōs. a. 71, cum Catilīnā coniūrāvit **53**.219; **54**.557
Lepidus, v. **Aemilius Lepidus**
Lesbia, poētae Catullī amīca **34**.80,112,133
Lesbos -ī *f*, īnsula maris Aegaeī **1**.43; **29**.66; *adi* **Lesbius**, *f* **56**.346
Leucadia, īnsula maris Īoniī **38**.65,73
Leucāta, prōmunturium Leucadiae **38**.65
Leuctra -ōrum *n*, oppidum Boeōtiae **47**.99
Līber -erī *m*, deus vīnī (= Bacchus) **40**.35
Libya = Āfrica **39**.112,137,141,229; **40**.23,62, 113; *adi* **Libycus 39**.239; **40**.91
Licinius, C., cōs. a. 236, lēgātus Carthāginem missus a. 218 **48**.232
Licinius Crassus, C., cōs. a. 168 **50**.331
Licinius Crassus, M., v. **Crassus**
Licinius Crassus, P., cōs. a. 171 cum Perseō pugnāvit **50**.284
Licinius Lūcullus, v. **Lūcullus**
Licinius Stolō -ōnis, **C.**, tr. pl. a. 376-367, lēgem tulit ut plēbēiī cōnsulēs fierent **47**.101
Licinus, C. Fabius, cōs. a. 273 **46**.287
Liguria, regiō Italiae; **Ligurēs** -um, gēns **46**. 442; **49**.71
Lilybaeum, prōmunturium et oppidum Siciliae **38**.206; **46**.414; **48**.860; **53**.(383)
Līvius, M., cōs. a. 219, lēgātus Carthāginem missus a. 218, cōs II a. 207 Hasdrubalem vīcit **48**.232,741
Līvius, T., historicus Rōmānus (opus: Ab urbe conditā I–CXLII) **41**-45.0; **48**.0;**49**.257; **50**.0; **51**.0;**54**.538
Līvius Andronīcus, L., poēta Rōmānus **47**.142
Locris -idis *f*, regiō Graeciae **50**.156; **Locrēnsēs**, incolae **50**.60
Longus, cognōmen, v. **Semprōnius Longus**
Lūcānia, regiō Italiae; **Lūcānī**, incolae **46**.235, 277; **48**.626; **49**.99
Lūcerēs -um *m*, ūna ex III centuriīs/tribubus populī Rōmānī **42**.171; **55**.(307)
Lūcīlius, C., poēta Rōmānus **47**.163
Lūcius, praenōmen (= L.) **12**.11; **36**.33
Lucrētia, Sp. Lucrētiī fīlia, L. Collātīnī uxor, ā

Sex. Tarquiniō violāta sē interfēcit **45**.214-308,356; **46**.10,25; **55**.418,426

Lucrētius Tricipitīnus, Sp., Lucrētiae pater, praefectus urbis, cōs. suf. a. 509 **45**.253,283, 309,323; **46**.24,29; **55**.418

Lūcullus, L. Licinius, cōs. a. 74 Mithridātem vīcit **53**.190-261; **54**.10,68,73,186-263

Lūcullus, M. Licinius, cōs. a. 73, prōcōs. Bessōs vīcit **53**.206,222,250

Lucumō -ōnis m, Rōmulī socius **55**.306

Lucumō -ōnis m, Dēmarātī f., Tarquiniīs Rōmam migrāvit (= L. Tarquinius Prīscus) **44**.91-130

Lūsītānia, regiō Hispāniae **51**.142,148

Lutātius, Q., cōs. a. 241 **48**.855

Lutātius Catulus, v. **Catulus**

Lycia, regiō Asiae **53**.179

Lycūrgus, Lacedaemoniīs lēgēs dedit **55**.252, 314,371,372

M

M. = **Mārcus**, praenōmen **36**.93

M'. = **Mānius**, praenōmen **46**.206

Macedonia, Graeciae pars septentriōnālis **41**.3; **47**.106; **48**.690,702; **50**.9-104,278-435,507-647; **51**.70,97,99,116; **53**.157-187,206,250; **Macedō** -onis, incola **46**.180, pl **48**.700; **50**.28-584; adi **Macedonicus 50**.457; **53**.221,260; cognōmen **50**.(604); **51**.(135)

Maedī, gēns Thrāciae **53**.98

Magnēsia (1), regiō Thessaliae **50**.154; **Magnētēs**, incolae **50**.61

Magnēsia (2), cīvitās Asiae; **Magnēs** -ētis, cīvis **53**.359

Magnus, cognōmen Cn. Pompēiī **54**.569

Māgō -ōnis m, Hannibalis frāter, dux Carthāginiēnsium **48**.458,596,616-672,775,782

Maharbal -is m, bellō Pūnicō II praefectus equitum Carthāginiēnsium **48**.457,529-537

Māliacus, sinus, in mediā Graeciā īnfrā Oetam montem **50**.144,155,161

Malitiōsa, silva, in agrō Sabīnō **43**.306

Mallius Māximus, Cn., cōs. a.105 ā Cimbrīs victus **52**.718; **53**.3

Māmercus, praenōmen (= Mām.) **46**.100 v. **Aemilius, Mām.**

Mamilius, C., cōs. a. 239 **47**.146

Mamilius, Octāvius, v. **Octāvius Mamilius**

Mancīnus, L. Hostīlius, bellō Pūnicō III Scīpiōnī lēgātus, cōs. a. 145 **51**.102

Mancīnus, C. Hostīlius, cōs. a. 137 victus ā Numantīnīs pācem fēcit **51**.170,172,183

Mānēs -ium m, dī M., animae mortuōrum **38**.82; **40**.22,278; **45**.403; **48**.327

Mānīlius, C., tr. pl. a. 66 lēgem tulit dē imperiō

Cn. Pompēiī **53**.271

Mānīlius, M'., cōs. a. 149 Carthāginem obsidēre coepit **51**.45; **55**.9,78,143; **56**.2

Mānius, praenōmen (= M'.) **46**.206

Mānlius, A., cōs. a. 241 **48**.855

Mānlius, A., C. Mariō lēgātus bellō Iugurthīnō **52**.521

Mānlius, L., cōs. a. 179 **50**.512

Mānlius, M., cōs. a. 392, a. 390 Capitōlium ā Gallīs dēfendit, a. 384 capitis damnātus **46**.(114); **47**.90

Mānlius Torquātus, T., Gallum sōlus vīcit, cōs. III a. 340 fīlium interfīcī iussit **31**.121; **46**.150

Mānlius Torquātus, T., cōs. a. 235 Sardīs victīs Iānum iterum clausit **42**.308; **46**.449

Mānlius Vulsō, L., cōs. a. 256 Carthāginiēnsēs in Āfricā vīcit **46**.332,340

Marathōn -ōnis f, oppidum Atticae, ubi Persae victī sunt; adi **Marathōnius 47**.43

Mārcellus, C. Claudius, cōs. a. 49 **54**.590

Mārcellus, M. Claudius, cōs. a. 222 Īnsubrēs vīcit, cōs. III a. 214 Hannibalem ad Nōlam vīcit, Syrācūsās cēpit, cōs. V a. 208 ab Hannibale circumventus occidit **46**.466-476; **48**.589,687-735; **49**.100; **54**.497

Mārcellus, M. Claudius, cōs. a. 196 **49**.146

Mārcellus, M. Claudius, cōs. a. 183 **49**.245

Mārcellus, M. Claudius, cōs. a. 166, 155, 152, naufragiō periit a. 148 **51**.90

Mārcellus, M. Claudius, C. f. et Octāviae, Augustī sorōris, dēcessit a. 23, ā quō **theātrum Mārcellī** appellātum est **36**.235,236

Mārcius, Ancus, v. **Ancus·Mārcius**

Mārcius, L., cōs. a. 149 Carthāginem obsēdit **50**.45

Mārcius Coriolānus, Cn., dux Rōmānōrum, a. 493 Coriolōs cēpit **46**.57; **47**.48; **49**.299

Mārcius Philippus, L., cōs. a. 91 **53**.30

Mārcius Philippus, Q., cōs a. 169 **50**.293

Mārcius Rutilus, C., dict. a. 356 Etrūscōs vīcit (cōs. a. 357, 352, 344, 342) **46**.155

Mārcus, praenōmen (= M.) **12**.13; **36**.93

Marīa, Iūdaea, Chrīstī māter **28**.25

Marius, C., cōs. a. 107, 104–100, 86; Iugurtham et Cimbrōs vīcit, bellum cīvīle commōvit **52**.440,452,455,519-721; **53**.10-126; **54**.497; adi **Mariānus 53**.129,140,158

Marius, C., C. f., cōs. a. 82 ā Sullā victus occidit **53**.122,124,126

Mārs -rtis m, Iovis et Iūnōnis fīlius, deus bellī **13**.14,16; **19**.7,10; **36**.164,213-221 **M. Ultor**; **41**.90; **42**.331,335; **55**.272; adi **Mārtius**, fulgor (stēlla) **56**.127

Mārsī, gēns Italiae **53**.33,39

Mārtiālis -is m, poēta Rōmānus (opus: Epi-

grammata I–XII) **34**.158,168,176,203
Mārtius, campus, Rōmae inter collēs et Tiberim **36**.9,191,232,241,319; **42**.230; **44**.336
Masinissa, rēx Numidārum a. 202–148, socius Rōmānōrum **48**.750,766,768,769,831; **50**.288; **51**.2, 17,27,78,90; **52**.9,16,21,82,190,412,417; **56**.1,4
Massīva, Numida, Gulussae fīlius **52**.412-427
Massȳlī, gēns Numidiae **40**.177; **48**.749
Mastanabal -is *m*, Masinissae fīlius **51**.83; **52**.18,21
Matiēnius, C., mīles dēlinquēns **51**.163
Matthaeus, Chrīstī discipulus **28**.51
Maurētānia, regiō Āfricae **52**.242,450; **53**.141; *adi* **Maurus** **52**.602,662; **56**.303; *m* incola **52**.595,656,703,705, *pl* **52**.622,640
Māximus, cognōmen, v. **Fabius Māximus**
Mēdēa, Aeētae rēgis fīlia, Iāsonem adiūvit et cum eō domō profūgit **54**.215
Mediolānum, oppidum Īnsubrum **46**.470
Medullia, oppidum Latīnōrum **44**.72,213
Megalopolis -is *f*, cīvitās Peloponnēsī **50**.565
Melita, īnsula inter Siciliam et Āfricam **1**.29
Mēlos -ī *f*, īnsula maris Aegaeī **26**.94
Memmius, C., tr. pl. a. 111 **52**.380,392,402
Menander -drī *m*, poēta cōmicus Graecus (opera: C cōmoediae) **47**.144
Menelāus, rēx Spartae, Helenae marītus **31**.164
Menēnius Agrippa, T., cōs. a. 477 **47**.55
Menippus Stratonicēnsis, rhētor quī Cicerōnem in Asiā docuit **53**.357
Mercurius, Iovis fīlius, deōrum nūntius, deus mercātōrum **10**.27; **33**.73; **36**.165; **40**.71,81, 86, 200; **Mercuriī cursus** (stēlla) **56**.133
Mesopotamia, regiō Asiae (inter Euphrātem et Tigrim flūmina) **53**.234
Metaurus, flūmen Umbriae ubi Hasdrubal victus est a. 207 **48**.(741)
Metellus, L. Caecilius, cōs. a. 251 in Siciliā Carthāginiēnsēs vīcit **46**.377
Metellus Crēticus, Q. Caecilius, cōs. a. 69, Crētēnsēs vīcit a. 68–66 **53**.263
Metellus Macedonicus, Q. Caecilius, praetor a. 148 Andriscum et Achaeōs vīcit, cōs. a. 143 **50**.304,315,326; **51**.98,124,135,147
Metellus Numidicus, Q. Caecilius, cōs. a. 109 cum Iugurthā pugnāvit **52**.441,446,454,527, 535,551
Metellus Pius, Q. Caecilius, cōs. a. 80 Sertōrium vīcit **53**.161-169,185
Mettius Curtius, dux Sabīnōrum **42**.119,136-146
Mettius Fūfētius, dictātor Albānus, ā Tullō interfectus **43**.39,44,123,182-263
Mezentius, rēx Etrūscōrum **41**.36,38

Micipsa, Masinissae f., rēx Numidārum **51**.82; **52**.18,32,47,64,75,124,130,162,231,302,677
Midās -ae *m*, rēx Asiae aurī cupidus **31**.20–49
Miltiadēs -is *m*, dux Athēniēnsium **47**.43
Minerva, Iovis fīlia, dea artium **36**.39,164; **37**.36,65,68,70,127; **38**.144; **39**.17; **50**.555; **templum Minervae,** in forō Nervae **36**.326
Minōs -ōis *m*, rēx Crētae **25**.44-60; **55**.252
Mīnōtaurus, mōnstrum Crētēnse **25**.23-91
Minucius Rūfus, M., magister equitum a. 217, ad Cannās occīsus **48**.383,393,518; **49**.96
Minucius Rūfus, M., cōs. a. 110 **52**.416 (Q.)
Mithridātēs, rēx Pontī **53**.54-106,143,192-257; **54**.*passim; adi* **Mithridāticus 53**.52,58,221, 260, 272; **54**.34
Molō -ōnis *m*, rhētor Graecus, doctor Cicerōnis **53**.289,319,363
Monēta, cognōmen Iūnōnis **36**.53
Mūcius, C., Porsennam interficere frūstrā cōnātus dextram ignī imposuit **47**.215
Mūcius Scaevola, Q., cōs. a. 117, iūris perītus, doctor Cicerōnis **53**.285; **55**.8,65,133
Muluccha, flūmen Āfricae **52**.677
Mummius, L., cōs. a. 146 Achaeīs dēvictīs Corinthum dēlēvit **51**.128,132,137
Mummius, Sp., Scīpiōnis Aemiliānī amīcus **55**.6, 63,143
Murcia, vallis, inter Palātium et Aventīnum **36**.187; **44**.79
Mūrēna, L. Licinius, Sullae lēgātus, bellum Mithridāticum renovāvit **53**.(138); **54**.47,53
Myonnēsus, prōmunturium Asiae **50**.257

N
Nabis -idis *m*, tyrannus Lacedaemonius, ā T. Quīnctiō Flāminīnō victus **50**.95,125
Naevius, Cn., poēta Rōmānus **47**.156
Nāsīca, v. **Scīpiō Nāsīca**
Naxus -ī *f*, īnsula maris Aegaeī **1**.43; **25**.99
Neāpolis -is *f*, oppidum Campāniae **48**.599
Nepheris -is *f*, oppidum Āfricae **51**.107
Nepōs, v. **Cornēlius Nepōs**
Neptūnus, Sāturnī fīlius, deus maris **10**.35; **28**.86,88; **36**.165; **37**.42; **39**.47; **42**.33,45
Nerō -ōnis, cognōmen gentis Claudiae
Nerō, C. Claudius, cōs a. 207 Hasdrubalem ad Metaurum vīcit **48**.742
Nerō, Ti. Claudius, prīnceps Rōmānus a. 54–68 p.C. **36**.259-299; **thermae Nerōnis 36**.246
Nerva, M. Coccēius, prīnceps Rōmānus a. 96–98 p.C. **36**.322; **forum Nervae 36**.326
Nestor -is *m*, Trōiānus senex **31**.175
Nicomēdēs, rēx Bithȳniae, rēgnum suum Rōmānīs lēgāvit a. 74 **53**.67,75,191

Nīlus, flūmen Āfricae māximum **1**.16; **56**.163
Nisibis -is *f*, cīvitās Mesopotamiae **53**.242,248
Nōla, oppidum Campāniae **48**.688,800
Nōmentum, oppidum Latīnōrum **44**.213
Norbānus, C., Mariānus, cōs. a. 83 ā Sullā
    victus **53**.115,117
Nova Carthāgō, urbs Hispāniae **48**.70,255,730
Nova via, via Rōmāna **36**.167; **44**.280
Numa Mārcius, gener Numae Pompiliī **42**.337
Numa Pompilius, rēx Rōmānōrum II **42**.281-
    352; **43**.2,329; **44**.6-22,149; **46**.452;
    55.377,390
Numantia, oppidum Hispāniae, ā Scīpiōne
    captum a. 133 **51**.192,208; **52**.67,96,216,248;
    55.54; **56**.42; *adi* **Numantīnus 51**.182,183,
    186; **52**.47, 77; *pl* cīvēs **51**.151-212; **52**.58
Numidia, regiō Āfricae **48**.764; **51**.78; **52**.
    passim; **53**.2; **Numidae,** incolae **40**.26; **46**.381;
    48. 426,452,680,751; **49**.117; **52**.*passim; sg*
    52.411, 422,658,691,707
Numitor -ōris *m*, Procae fīlius, rēx Albānus, ab
    Amūliō frātre pulsus **41**.82-137
Nymphae, deae silvārum et flūminum
    39.25,104, 195

O
Ōceanus, mare magnum **54**.350,578; **56**.198
Octāvia, Augustī soror **36**.235
Octāviānus, C., 36.211 v. **Augustus**
Octāvius, Cn., praetor a. 168 classī Rōmānae
    praefectus Perseum cēpit **50**.406,431-445,577
Octāvius, Cn., cōs. a. 87 **53**.63
Octāvius, M., tr. pl. a. 133, collēga et
    adversārius Ti. Gracchī **51**.221
Octāvius Mamilius, Tūsculānus, gener
    Tarquiniī Superbī **45**.22
Odyssēa -ae *f*, Homērī carmen dē errōribus et
    reditū Ulixis
Oenomaus, bellō servīlī dux **53**.210
Oeta, mōns Graeciae **50**.159,217
Ogulnius, Q., cōs. a. 269 **46**.291
Oileus, rēx Locridis, Āiācis pater **37**.128
Olcadēs -um *m*, gēns Hispāniae **48**.66
Ōlus, praenōmen = Aulus **47**.67
Olympia, cīvitās Peloponnēsī; ibi est templum
    cum simulācrō Iovis illūstrī **50**.565
Olympus, mōns Thessaliae, sēdēs deōrum
    37.270; **40**.89
Opīmius, L., cōs. a. 121 C. Gracchum et M.
    Fulvium Flaccum interfēcit **51**.276; **52**.233
Orcus, deus Īnferōrum, Īnferī **34**.101
Orestēs -is *m*, Agamemnonis fīlius **38**.94
Ōricum, oppidum Ēpīrī maritimum **50**.112,113
Oriēns -entis *m*, pars orientālis **28**.24; **30**.94;
    47.113

Oroandēs -is *m*, Crētēnsis, Perseum
    Samothrācae dēseruit **50**.411,421
Orodēs -is *m*, rēx Parthōrum **54**.583
Orpheus, fidicen nōbilissimus **29**.67-73
Ōstia, oppidum in ōre Tiberis **6**.7; **16**.12; **44**.88;
    48.589; *adi* **Ōstiēnsis 16**.26
Otācilius Crassus, M'., cōs. a. 263 **46**.311
Ovidius Nāsō, P., poēta Rōmānus (opera:
    Amōrēs, Ars amātōria, Fāstī, Trīstia, cēt.)
    26.154; **31**.75; **32**.108; **34**.54,59,68; **36**.184,
    358; **41**. 198; **42**. 355,379; **44**.453; **45**.345

P
P. = **Pūblius,** praenōmen **36**.338
Pachȳnum -ī *n*, prōmunturium Siciliae **38**.206
Pācis, āra, in campō Mārtiō **36**.236
Pācis, templum, ā Vespasiānō aedificātum **36**.
    300,303
Pācuvius, M., poēta tragicus Rōmānus **47**.161
Padus, flūmen Italiae māximum, in mare Hadri-
    āticum īnfluēns **6**.13; **10**.40; **49**.67,109
Paelignī, gēns Italiae **53**.33
Palātium, collis in quō Rōmae pars sita est **19**.
    47,52; **36**.6,10; **37**.13; **41**.146,159; **42**.123,139;
    44.69,78; *adi* **Palātīnus 36**.20,59, 171,230; **41**.
    96,151; **42**.115
Palinūrus, Aenēae gubernātor **38**.53,134,153
Pamphȳlia, regiō Asiae **53**.156,178; **mare**
    Pamphȳlium, ad ōram Pamphȳliae **49**.160
Panaetius, Rhodius, philosophus Stōicus,
    amīcus Scīpiōnis Aemiliānī **55**.35,150
Panthēum, templum ā M.Agrippā in campō
    Mārtiō aedificātum **36**.240,343
Panthūs -ī *m*, Trōiānus, Apollinis sacerdōs
    37.107
Paphlagonia, regiō Asiae **53**.74,225
Paphus -ī *f*, oppidum Cyprī **39**.155
Papīrius Carbō, v. **Carbō**
Papīrius Cursor, L., dict. a. 324, cōs. a. 326,
    320, 319, 315, 313, Samnītēs vīcit **46**.185-199
Papus, cognōmen, v. **Aemilius Papus**
Paris -idis *m*, Priamī fīlius, Helenam rapuit, dux
    Trōiānōrum **31**.151,157; **39**.9
Parthī, gēns Asiae **54**.540,581
Paulus, cognōmen, v. **Aemilius Paulus**
Pella, oppidum Macedoniae **50**.306,309,312
Peloponnēsus -ī *f*, paenīnsula, Graeciae pars
    26.97; **37**.11; **41**.181; **50**.158; *adi* **-iacus 47**.64
Penātēs -ium *m*, diī quī domum vel patriam
    tuentur **37**.97,238,256; **38**.5,29; **39**.138;
    40.227; **44**.392,448,468
Penthesilēa, rēgīna Amāzonum **39**.190
Pergamum, cīvitās Asiae **50**.259; **51**.233; *adi*
    Pergamēnus 49.185,204; *pl* cīvēs **49**.212
Periander -drī *m*, rēx Corinthī **29**.102

Perrhaebia, regiō Thessaliae 50.159; **Perrhaebī,** gēns 50.61
Persae, gēns Asiae 47.42,112; 50.166,178,519; 53.234,249
Perseus, Philippī V fīlius, rēx Macedoniae a. 179–168, ā L. Aemiliō Paulo victus et captus 50.278-662; 51.67,72
Petra, oppidum Macedoniae 50.641
Petrēius, M., bellō cīvīlī ā Caesare victus 54.600
Petrus, Chrīstī discipulus 28.100,102
Phameās -ae **Hamilcō** -ōnis *m,* bellō Pūnicō III praefectus equitum Carthāginiēnsium 51.86
Pharnācēs -is *m,* Mithridātis fīlius, patrī bellum intulit 54.550
Pharsālus -ī *f,* oppidum Thessaliae; ibi Caesar Pompēium vīcit a. 48 36.202; 54.604
Philippus II, rēx Macedoniae a. 359–336, Alexandrī pater 47.105,109,111; 50.460,514
Philippus V, rēx Macedoniae a. 221–179, ā Rōmānīs victus a. 197 48.690,700; 49.15; 50.5-90, 278; 54.122
Philippus, Perseī fīlius māximus 50.439
Philippus, cognōmen, v. **Mārcius Philippus**
Philus, v. **Fūrius Philus**
Phōcis -idis *f,* regiō Graeciae 50.156; **Phōcēnsēs,** incolae 50.60
Phoebus = Apollō 38.102,104; 40.35
Phoenīcē -ēs *f,* regiō Syriae maritima 39.113; 53.235; 54.545; **Phoenīcēs** -um, incolae 39.115; *sg f* **Phoenīssa,** Dīdō 39.280; 40.191
Phormiō -ōnis *m,* dux Athēniēnsium 47.89
Phraātēs -ae *m,* rēx Parthōrum 54.540
Phthiōtis (Achāia) -idis *f,* regiō Thessaliae; **Phthiōtae (Achaeī),** gēns 50.62,154
Pīcēnum, regiō Italiae 46.184; **Pīcentēs,** incolae 46.291; 53.33,39
Pictor -ōris, cognōmen, v. **Fabius Pictor**
Pīcus, Sāturnī fīlius, rēx Latiī 37.9
Pīla Horātia, locus in forō Rōmānō 43.166
Pīraeus, portus Athēnārum 50.552; 53.84
Pīsistratus, tyrannus Athēniēnsis 47.30,36
Pius, cognōmen, v. **Metellus Pius**
Placentia, oppidum Italiae 6.6
Platō -ōnis *m,* philosophus Athēniēnsis illūstris 47.107; 55.267,355
Plautius, C., praetor a. 146 ā Viriāthō victus 51.143
Plautus, T. Maccius, poēta cōmicus Rōmānus (opera: XXI cōmoediae) 34.45; 47.159
Plūtō -ōnis *m,* Sāturnī fīlius, deus Īnferōrum 28.86,88
Poenī, Carthāginiēnsēs 39.198,221; 40.29,48; 46.391; 47.136,140,158,165; 48.*passim;* 49.150; 51.88; 54.123; *sg* Hannibal 48.297,419,587,600; 49.179

Polītēs -ae *m,* Priamī fīlius 37.162,165
Polītōrium, oppidum Latiī 44.66
Pollūx -ūcis *m,* Iovis fīlius, Castoris frāter geminus 36.132,138; 47.206
Polybius, historicus Graecus, Rōmae vīxit, amīcus Scīpiōnis Aemiliānī 49.246; 55.150,403
Polycratēs -is *m,* tyrannus Samius 29.151-175
Polydōrus, Priamī fīlius minimus 38.11,13
Polyphēmus, Cyclōps 38.181-200
Pompēia, cūria, in campō Mārtiō ā Pompēiō aedificāta 36.198,203
Pompēiī -ōrum *m,* oppidum Campāniae 31.(204)
Pompēius, Q., cōs. a. 141 pācem fēcit cum Numantīnīs 51.150
Pompēius Magnus, Cn., cōs. a. 70, 55, pīrātās et Mithridātem vīcit, bellō cīvīlī ā Caesare victus 32.25; 36.196-201; 53.135-144,165,168, 186,268,272; 54.*passim.*
Pompēius Strabō, Cn., cōs. a. 89 bellō sociālī prosperē pugnāvit 53.42; 54.(291)
Pompilius, v. **Numa Pompilius**
Pompōnius, M., praetor a. 217 clādem C. Flāminiī prōnūntiāvit 48.349,579
Ponticum, mare, quō Dānuvius īnfluit 53.66
Pontus,(1) regiō Asiae 49.180; 53.65,226,244, 247; 54.41,198,202,215,223,480,549; (2) mare Ponticum 53.255
Popilius, M., cōs. a. 139 victus ā Numantīnīs 51.167
Porcius Catō, v. **Catō**
Porsenna, rēx Etrūscōrum, Tarquinium Superbum adiūvit 46.33,36; 47.209
Postumius, C., Cn. Octāviō tr. mīl. 50.437
Postumius, Sp., cōs. a. 321 victus ā Samnītibus apud Caudium 46.194; 47.119
Postumius Albīnus, v. **Albīnus**
Postumius Tūbertus, v. **Tūbertus**
Praeneste -is *n,* oppidum Latiī 46.136,237; 53. 127; **Praenestīnī,** cīvēs 46.133
Priamus, rēx Trōiānus 31.151; 35.212; 37.73,93, 134-178,206,260; 38.10; 39.177-188,298
Proca -ae *m,* rēx Albānus XIII 41.82
Proculus Iūlius, senātor cui Rōmulus dīvus sē ostendit 42.243; 55.334
Prūsiās -ae *m,* rēx Bithȳniae, ad quem Hannibal cōnfūgit 49.180,216,218,223
Pseudo-Philippus = Andriscus 51.97
Ptolomaeus II, rēx Aegyptī a. 282–246 46.289; 47.138
Ptolomaeus III, rēx Aegyptī a. 246–221 46.434
Pūblicius Bibulus, L., tr. mīl. ad Cannās 48.559
Pūblicola, v. **Valerius Pūblicola**
Pūblius, praenōmen (= P.) 12.15; 36.338
Pulvillus, v. **Horātius Pulvillus**

Pūnicus -a -um, ad Poenōs pertinēns **48**.57,639; **bellum Pūnicum** (I) **42**.309; **46**.306,320, 409,432; (II) **48**.0; **50**.456; **51**.312; **52**.7; (III) **51**.1,15

Puteolī -ōrum *m*, oppidum Campāniae **16**.18

Pydna, oppidum Macedoniae; ibi Perseus ā Rōmānīs victus est a. 168 **50**.305,308,641

Pygmaliōn -ōnis *m*, rēx Tyrī, Dīdōnis frāter **39**. 116,128; **40**.27,116

Pylae = **Thermopylae 50**.164

Pylaemenēs -is *m*, rēx Paphlagoniae **53**.75

Pyrēnaeus, mōns, inter Hispāniam et Galliam **48**.261,263; **49**.55

Pyrrhus, rēx Ēpīrī, Tarentīnōs contrā Rōmānōs adiūvit **46**.215-284; **47**.125; **49**.267,275

Pyrrhus, Achillis fīlius, Priamum interfēcit **37**.26,164,172,173,206; **38**.93,94

Pythagorās -ae *m*, philosophus Graecus **47**.33

Q

Q. = **Quīntus**, praenōmen **46**.145

Quīnctius Flāminīnus, T., cōs. a.198, prōcōs. Philippum rēgem vīcit **49**.225-231; **50**.12-126

Quīnctius Cincinnātus, v. **Cincinnātus**

Quīnctius Crispīnus, v. **Crispīnus**

Quīntus, praenōmen (= Q.) **12**.14; **46**.150

Quirīnālis, collis, in quō Rōmae pars sita est, ā Serviō urbī adiectus **36**.7,8,329; **42**.252; **44**. 343; **55**.339

Quirīnus, Rōmulus deus **42**.253,332; **55**.341; cognōmen Iānī **44**.36

Quirītēs -ium *m*, nōmen cīvium Rōmānōrum honōrificum **42**.165,244,275; **43**.169; **44**.43, 54-57; **45**. 410; **50**.628; **52**.457-517; **54**.*passim*

R

Ramnēnsēs, ūna ex III centuriīs/tribubus populī Rōmānī **42**.170; **55**.(307)

Rēa Silvia, Numitōris fīlia, Vestālis, Rōmulī et Remī māter **41**.87,199

Rēgia, domus pontificis māximī, in Sacrā viā **36**.116

Rēgillus, v. **Aemilius Rēgillus**

Rēgulus, M. Atīlius, cōs. a. 267, 256, ā Carthāginiēnsibus in Āfricā captus **46**.296,332-353,384

Remus, Rēae Silviae et Mārtis fīlius, ā Rōmulō frātre occīsus **25**.14; **41**.105-152; **55**.273

Rhēnus, flūmen Germāniae **1**.17,20; **12**.67; **35**. 188; **54**.578

Rhodanus, flūmen Galliae **49**.65,109; **53**.6; **54**. 578

Rhodopa, mōns Thrāciae **53**.173

Rhodus -ī *f*, īnsula **1**.42; **32**.7; **53**.362; **Rhodiī**, incolae **49**.159; **50**.257,264; **53**.321

Rōma, urbs Italiae, ā Rōmulō condita a.753 **1**.1; *passim; adi* **Rōmānus 1**.41; **2**.1; **6**.15; *pl* cīvēs **10**.37; *passim;* **Rōma quadrāta 36**.14

Rōmulus, Rēae Silviae et Mārtis fīlius, Rōmae conditor et prīmus rēx **25**.12; **36**.11,15,104; **41**.105-156,194,202; **42**.*passim;* **43**.7; **44**.18; **45**.4; **46**.122,146; **55**.272-384; **56**.226

Rōmulus Silvius, rēx Albānus XI **41**.78

Rōscius, Sex., parricīdiī reus quem Cicerō dēfendit a. 80 **53**.292,322

Rōstra -ōrum *n*, in forō Rōmānō locus superior ex quō ōrātōrēs verba faciunt **36**.88-95; **46**. 178; **51**.237

Rubrum, mare, circum Arabiam **50**.522

Rūfīnus, v. **Cornēlius Rūfīnus**

Rūfus, v. **Minucius Rūfus**

Rutilius Lupus, P., cōs. a. 90 in bellō sociālī occīsus **53**.36

Rutilius Rūfus, P., bellō Iugurthīnō Metellō lēgātus, cōs. a. 105 **52**.526; **55**.4,46,53

Rutulī, gēns Latiī **37**.19; **41**.27-40; **45**.197,199

S

Sabīnī, gēns Italiae **42**.20,36,60,64,99-164,255; **43**.4,299-311; **44**.70,180-198; **55**.296- 308; **Sabīnus** *adi* **42**.98,151,257; **43**.305; **44**.171, 191, 209-222; **55**.292,306,380; **56**.310

Sacra via, per forum Rōmānum ad Capitōlium ferēns **36**.167,171,282,310,352

Saguntum, oppidum Hispāniae ab Hannibale captum a. 219 **48**.91-255; **49**.50; *adi* **Saguntīnus 48**.182; *pl* cīvēs **48**.26-176

Salamīs -īnos *f*, īnsula Graeca **47**.54

Saliī, sacerdōtēs Mārtis **42**.334; **55**.395

Sallentīnī, gēns Āpūliae **46**.296

Sallustius Crispus, C., historicus Rōmānus (opera: Bellum Catilīnae, Bellum Iugurthīnum) **51**.281; **52**.0

Samē -ēs *f*, īnsula maris Īoniī (= Cephallēnia) **38**.64

Samnium, regiō Italiae **46**.295; **48**.576,596; **51**. 0; **Samnītēs**, incolae **46**.181-212,235,277; **47**. 118-122; **48**.625

Samos -ī *f*, īnsula maris Aegaeī **1**.43; *adi* **Samius 29**. 152; **47**.33

Samothrāca, īnsula maris Aegaeī **50**.311,363, 406, 414,432; **Samothrācēs** -um, incolae **50**.649

Sapphō -ūs *f*, poētria Lesbia **56**.346; *adi* **Sapphicus**, versus **56**.345,352

Sardī, Sardiniae incolae **46**.450

Sardinia, īnsula **1**.27; **46**.330; **54**.358; **-ēnsēs**, incolae (= Sardī) **46**.445

Sāturnālia -ium *n*, diēs fēstī quī mēnse Decembrī celebrantur **37**.7

Sāturnus, deus frūgum, ā fīliō Iove caelō pulsus; rēx Latiī 27.23; **37**.3; **aedēs Sāturnī,** in forō Rōmānō 27.27; **36**.131,133; *adi* **Sāturnius** 39.222; stēlla 56.124

Scaevola, v. **Mūcius Scaevola**

Scaurus, M. Aemilius, cōs. a. 115, lēgātus ad Iugurtham missus 52.226,332,373,384

Scīpiō -ōnis, cognōmen gentis Cornēliae; *pl* **Scīpiōnēs** 48.684; 50.273

Scīpiō, Cn. Cornēlius, cōs. a. 222 Īnsubrēs vīcit, in Hispāniā Poenōs vīcit, sed occīsus est a. 211 46.467; **48**.270,684,711

Scīpiō, L. Cornēlius, cōs. a. 259 dē Sardīs triumphāvit 46.329

Scīpiō, P. Cornēlius, cōs. a. 218 ad Tīcīnum victus ab Hannibale, in Hispāniā Poenōs vīcit, sed occīsus est a. 211 48.94,221,227,266,684, 711,856; **49**.65,68

Scīpiō Aemiliānus Āfricānus, P. Cornēlius, L. Aemiliī Paulī Macedonicī f., cōs. a. 147,134, Carthāginem et Numantiam expugnāvit 50.609; **51**.48-213,245-255; **52**.54,67,301; **54**.497; **55**. *passim;* **56**.10,31,46,58,62,93,97

Scīpiō Āfricānus, P. Cornēlius, cōs. a. 205, Hannibalem in Āfricā dēvīcit 48.267,559,561, 704,728-859; **49**.108,258,272; **50**.252,271,275; **52**.10; **55**.469; **56**.18,28,82,115,174

Scīpiō Asiāticus, L. Cornēlius, cōs. a. 190 Antiochum in Asiā vīcit 50.250-271

Scīpiō Asiāticus, L. Cornēlius, cōs. a. 83 cum Sullā pugnāvit 53.116,119

Scīpiō Barbātus, L. Cornēlius, cōs. a. 298, Samnītēs vīcit 51.0

Scīpiō Nāsīca, P. Cornēlius, cōs. a. 162,155, bellum Pūnicum dissuāsit 51.5,12,20,24

Scīpiō Nāsīca Serāpiō, P. Cornēlius, cōs. a. 138, quō auctōre Ti. Gracchus occīsus est 51. 160,239

Scīpiō Nāsīca, P. Cornēlius, cōs. a. 111, 52. 357,358

Scordiscī, gēns Illyricī 53.97

Scrībōnius Curiō, v. **Curiō**

Scylla, saxum perīculōsum in fretō Siculō 28. 141; **38**.114,116,119; *adi* **Scyllaeus** 39.79

Semprōnia, Gracchōrum soror, P. Scīpiōnis Aemiliānī uxor 51.254

Semprōnia, lēx, agrāria, ā Ti. Semprōniō Gracchō lāta a. 133 51.230

Semprōnius, P., cōs. a. 268 Pīcentēs vīcit 46.293

Semprōnius Blaesus, C., cōs. a. 253 rediēns ex Āfricā naufragium passus 46.370

Semprōnius Gracchus, v. **Gracchus**

Semprōnius Longus, Ti., cōs. a. 218 ad Trebiam ab Hannibale victus 48.94,221,224,

227,857; **49**.68

Semprōnius Longus, Ti., cōs. a. 194, M'. Acīliō cōs. lēgātus a. 191 50.232

Semprōnius Tuditānus, v. **Tuditānus**

Senonēs -um, **Gallī,** in Italiam trānsgressī a. 390 Rōmam praeter Capitōlium cēpērunt 46.111; *adi* **Senonicus** 47.84,98

Ser. = **Servius,** praenōmen 46.355

Sergius, M., praetor a.197 litterās Flāminīnī in senātū recitāvit 50.24

Serrānus, C. Atīlius, cōs. a. 106 53.280

Sertōrius, Q., dux Mariānus in Hispāniā 53.158-166; *adi* **Sertōriānus** 54.65,195

Servīlius, Q., cōs. a. 365 46.145

Servīlius Caepiō, v. **Caepiō**

Servīlius Geminus, Cn., cōs. a. 217, ad Cannās occīsus 48.380,447,517; **49**.82

Servīlius Isauricus, P., cōs. a. 79, prōcōs. Isaurōs vīcit 53.178,187

Servius, praenōmen (= Ser.) 44.226; **46**.355

Servius Tullius, rēx Rōmānōrum VI 44.226-450; **45**.5,314; **47**.30; **55**.408

Sex. = **Sextus,** praenōmen 45.120

Sextus, praenōmen (= Sex.) **12**.16; **45**.102,146, 189, v. **Tarquinius, Sex.**

Sibylla, vātēs Cūmāna 40.288; *adi* -**inus,** librī Sibyllīnī 47.168,191

Sicilia, īnsula **1**.27; **28**.3; **38**.108-122,146,213; **39**.14,74,216,315; **40**.275,285; **41**.4; **46**.276, 308-318,378,411,415,438; **47**.80,108; **48**.222, 227,698,860; **53**.134, 139,385; **54**.318,357; *adi* -**ēnsis** 53.383,394; **Siculus** 28.2; **38**.111; **41**. 44; *pl* incolae **46**.315; **51**.110

Sicyōn -ōnis *f,* cīvitās Peloponnēsī 50.558

Silēnus, historicus Graecus, rēs ab Hannibale gestās scrīpsit 49.253

Silvia, Rēa, v. **Rēa Silvia**

Silvius, rēx Albānus II 41.70; cognōmen rēgum Albānōrum 41.72; *pl* 47.21; **Silvia** gēns 41.84

Sinōpē -ēs *f,* oppidum Pontī 53.226; **54**.199

Sirae -ārum *f,* oppidum Macedoniae 50.385

Sōcratēs -is *m,* philosophus Athēniēnsis 47.74, 81; **55**.40,268,355

Sōl, deus sōlis 25.7; **26**.127; **40**.234; **56**.8

Solō -ōnis *m,* Athēniēnsibus lēgēs scrīpsit 31. 108,112; **47**.17,27,31; **55**.254

Sophoclēs -is *m,* poēta tragicus Graecus 47.72, 143

Sophonisba, Carthāginiēnsis, Syphācis uxor, quam Masinissa amāvit 48.769

Sōsilus, Lacedaemonius, historicus, doctor Hannibalis 49.253

Sp. = **Spurius,** praenōmen 42.103

Sparta, cīvitās Peloponnēsī (= Lacedaemōn) **1**.34; **55**.314

Spartacus, gladiātor, bellum servīle commōvit 53.210

Spurius, praenōmen (= Sp.) **42**.103 .

Stator -ōris, cognōmen Iovis **36**.172; **42**.130; **44**.280; v. **Iuppiter**

Stōicus, philosophus S. est discipulus Zēnōnis **53**.306

Stratonīcēa, cīvitās Asiae; **Stratonīcēnsis,** cīvis **53**.357

Strophadēs -um *f,* īnsulae in marī Īoniō **38**.57

Sublicius, pōns, ab Ancō in Tiberī factus **44**.81

Suessa Pōmētia, oppidum Volscōrum **44**.296; **45**.93

Sulla, L. Cornēlius, C.Mariō quaestor Iugurtham cēpit, cōs. a. 88 bellō sociālī fīnem fēcit, Mithridātem ē Graeciā expulit, bellō cīvīlī Mariānōs vīcit **52**.577-587,648-715; **53**.43-143, 320; **54**.47-53,317

Sulpicius, C., dict. a. 358 Gallōs vīcit **46**.154

Sulpicius, P., cōs. a. 279 Pyrrhum vīcit **46**.262

Sulpicius Galba, P., cōs. a. 200 prosperē cum Philippō pugnāvit **49**.125; **50**.4,8

Sulpicius Galus, C., Aemiliō Paulō tribūnus mīlitum a. 168, cōs. a. 166 **50**.543

Sulpicius Rūfus, P., tr.pl. a. 88 ā Sullā interfectus **53**.60,62

Superbus, cognōmen **45**.35; **47**.34; v. **Tarquinius Superbus**

Superum, mare, suprā Italiam situm **16**.2

Surēnās -ae *m,* dux Parthōrum quī Crassum vīcit **54**.583

Sūtrium, oppidum Etrūriae; **Sūtrīnī,** cīvēs, ā Camillō victī **46**.131

Sychaeus, Tyrius, Dīdōnis marītus **39**.114,117, 284; **40**.13,169

Syphāx -ācis *m,* rēx Numidiae, bellō Pūnicō II ā P. Scīpiōne captus **48**.749-769; **50**.454; **52**.13,194

Syrācūsae -ārum *f,* urbs Siciliae **48**.699,707; *adi* **Syrācūsānus 55**.109; *pl* cīvēs **46**.316

Syria, regiō Asiae **1**.6; **12**.64; **46**.435; **49**.149, 159; **50**.132; **51**.204; **53**.235; **54**.544; **56**.41; *adi* **Syrus 53**.353

Syrtēs -ium *f,* sinūs in ōrā Āfricae **56**.306

T

T. = **Titus,** praenōmen **36**.291

Tabulārium, in īnfimō Capitōliō **36**.56,145

Tagus, flūmen Hispāniae in Ōceanum īnfluēns **48**.76

Tanais -is *m,* flūmen Numidiae **52**.555

Tanaquīl -īlis *f,* Lucumōnis (= L. Tarquiniī Prīscī) uxor **44**.106,109,122,233,267,281,399

Tarentum, oppidum Italiae **46**.266,281,284; *adi* **Tarentīnus,** *pl* cīvēs **46**.216

Tarpēia, Sp. Tarpēiī fīlia, Capitōlium Sabīnīs prōdidit **42**.106,109

Tarpēium, saxum, in Capitōliō **36**.27; **47**.93

Tarpēius, mōns = Capitōlium **45**.158

Tarpēius, Sp., praefectus arcis Capitōlīnae **42**.103

Tarquinia, Tarquiniī Superbī soror, Brūtī māter **45**.177

Tarquiniī -ōrum *m,* oppidum Etrūriae, Tarquiniī Prīscī patria **44**.93-115,391,396

Tarquiniī, fīliī Tarquiniī Prīscī **44**.301; fīliī Tarquiniī Superbī **45**.182,189,224; gēns **55**.429

Tarquinium, nōmen, 44.394

Tarquinius, Arrūns, v. **Arrūns Tarquinius**

Tarquinius, Sex., Tarquiniī Superbī fīlius minimus, Gabiōs Rōmānīs prōdidit, Lucrētiam violāvit **45**.102-262,308,335,357

Tarquinius Collātīnus, v. **Collātīnus**

Tarquinius Prīscus, L., = Lucumō, Dēmarātī f., rēx Rōmānōrum v **44**.131-300,360, 388, 403; **47**.28; **55**.407

Tarquinius Superbus, L., Tarquiniī Prīscī f., rēx Rōmānōrum vII, ā L. Brūtō expulsus **36**.33; **44**.301,360-438,465; **45**.*passim;* **46**.9, 16,31,35; **47**.34,168-189; **55**.410,427

Tarracō -ōnis *f,* cīvitās Hispāniae **48**.748

Tatius, T., rēx Sabīnōrum, cum Rōmulō rēgnāvit **42**.60-63,104,171-179,256; **44**.148; **55**.298-310

Taurasia, oppidum Samniī **51**.0

Tauromenium, oppidum Siciliae; **Tauromenitānī,** cīvēs **46**.313

Taurus, mōns Asiae **50**.260; **53**.182

Tenedos -ī *f,* īnsula maris Aegaeī **37**.29,55,87

Terentius Āfer, P., poēta cōmicus Rōmānus (opera: vI cōmoediae) **47**.161

Terentius Varrō, v. **Varrō**

Termestīnī, gēns Hispāniae **51**.150

Teucrī = Trōiānī **37**.114; **38**.170; **39**.16

Teutobodus, dux Cimbrōrum, ā Mariō captus **53**.17

Teutonēs -um, gēns Germānōrum **53**.4,11,19

Thala, oppidum Numidiae **52**.447,448,552

Thēbae -ārum *f,* caput Boeōtiae **51**.131; **Thēbānī,** cīvēs **47**.98

Themistoclēs -is *m,* dux Athēniēnsis **47**.53

Thermopylae -ārum *f,* faucēs ad sinum Māliacum **49**.156; **50**.150,152,165,210,214; **51**.124

Thēseus, Aegeī fīlius, Mīnōtaurum occīdit, rēx Athēniēnsium **25**.23-141; **26**.1; **55**.253

Thessalia, regiō Graeciae septentriōnālis **36**. 202; **50**.14,19,22,154,286,544; **54**.603; **Thessalī,** gēns **50**.61

Thessalonīca, cīvitās Macedoniae **50**.306; *adi* **Thessalonīcēnsis 50**.438

Thirmida, oppidum Numidiae **52**.144
Thrācia s. **Thrēcia,** regiō inter Macedoniam et mare Ponticum **38**.7,9,11; **50**.286,290,411,517
Thūcÿdidēs -is *m,* historicus Graecus **47**.65
Ti., Tib. = **Tiberius,** praenōmen **48**.94
Tiberīnus, rēx Albānus IX **41**.75,77,205
Tiberis -is *m,* flūmen Italiae **1**.20; **16**.7; **36**.2, 8,26,177,194,347; **37**.272; **41**.67,94,163, 205; **42**.189,212; **44**.81,88,221; **49**.156; **50**.374; **55**.274; *adi* **-īnus 40**.298; **54**.349
Tiberius, praenōmen (= Ti.) **47**.118; **48**.94
Tiberius (Claudius Nerō), prīnceps Rōmānus a. 14–37 p.C. **36**.17; *adi* **-ānus**
Tibullus, Albius, poēta Rōmānus, nātus c. a. 60 (opus: Carmina I–II) **33**.169,180
Tīcīnus, flūmen in Padum īnfluēns; ibi Rōmānī ab Hannibale victī sunt a. 218 **48**.265
Tigrānēs -is *m,* Mithridātis gener, rēx Armeniae, socerum fugātum excēpit **53**.233,237; **54**.4,226,239,487,544,567
Tigrānēs -is, Tigrānis fīlius **54**.568
Tigrānocerta, cīvitās Armeniae **53**.237
Tigris -is *m,* flūmen Asiae **53**.(235)
Titiēnsēs, ūna ex III centuriīs/tribubus populī Rōmānī **42**.171; **55**.(307)
Titus, praenōmen (= T.) **12**.16; **36**.291
Titus (Flāvius Vespasiānus), Vespasiānī fīlius māior, prīnceps Rōmānus a. 79–81 p.C. **36**.158, 301-315; **arcus Titī 36**.172,309; **thermae Titī 36**.246,293
Titus Tarquinius, Tarquiniī Superbī fīlius māximus **45**.176
Tolumnius, Vēientium rēx, ab A. Cornēliō Cossō occīsus **46**.97
Torquātus, cognōmen **46**.152, v. **Mānlius T.**
Trāiānus, M. Ulpius, prīnceps Rōmānus a. 98–117 p.C. **36**.246,324-338; **columna Trāiānī 36**.335; **forum Trāiānī 36**.327; **templum Dīvī Trāiānī 36**.340; **thermae Trāiānī 36**.246,294
Trānsalpīna, Gallia, trāns Alpēs sita **54**.361
Trānsalpīnum, bellum, in Galliā Trānsalpīnā gestum **54**.303
Trasumennus, lacus Etrūriae, ibi Hannibal Rōmānōs vīcit a. 217 **48**.277-283,337,573,799; **49**.75
Trebia, fluvius in Padum īnfluēns, ibi Hannibal Rōmānōs vīcit a. 218 **48**.268; **49**.69,110
Tricipitīnus, v. **Lucrētius Tricipitīnus**
Trōēs -um = Trōiānī **37**.80,113
Trōia, urbs Asiae **25**.11; **36**.269; **37**.-**39**.*passim;* **40**.67; **41**.2; **50**.550; *adi* **Trōiānus 25**.10; *pl* cīvēs **31**.174; **34**.69; **36**.365; **37**-**40**.*passim;* **41**.1-31
Trōilus, Priamī fīlius **39**.184
Tūberō -ōnis *m,* cognōmen gentis Aeliae

Tūberō, Q. Aelius, L. Aemiliī Paulī gener, Perseō captō obviam missus **50**.450,500
Tūberō, Q. Aelius, tr.pl. a. 129 **55**.2,15,17,37, 47,53,107,113,456
Tūbertus, A. Postumius, dict. a. 431 Aequōs vīcit **47**.68
Tuditānus, C. Semprōnius, cōs. a. 129 **55**.11
Tuditānus, M. Semprōnius, cōs. a. 240 **47**.141, 145
Tugurīnī, gēns Gallōrum **53**.4
Tullia, (1) Serviī Tulliī fīlia māior, uxor Tarquiniī Superbī **44**.367,371,381,440,446,454; **45**.324; (2) Serviī Tulliī fīlia minor **44**.379; *pl* **Tulliae 44**.370
Tulliānum, carcer Rōmānus subterrāneus **36**.155,156
Tullius, Ser., v. **Servius Tullius**
Tullius Cicerō, v. **Cicerō**
Tullus Hostīlius, rēx Rōmānōrum III **43**.*passim;* **44**.2; **47**.38; **55**.407
Turnus, rēx Rutulōrum **37**.18; **41**.27,35
Turnus Herdōnius, ab Arīciā, ā Tarquiniō Superbō interfectus **45**.33-82
Tūscī = Etrūscī **45**.156; **46**.155,212
Tūscia = Etrūria **46**.33
Tūsculum, oppidum Latiī **1**.33; **6**.8; **46**.37; *adi* **Tūsculānus 30**.21; **45**.23
Tūscum, mare, īnfrā Italiam situm (= mare Īnferum) **16**.4; **32**.17
Tūscus, vīcus, via Rōmāna **36**.167,176
Tyrus -ī *f,* urbs Phoenīcēs **39**.112,115; **40**.27, 195; *adi* **Tyrius 39**.260; **40**.85; *pl* cīvēs **39**.129,278,291,295; **40**.55,114,242

U

Ulixēs -is, rēx Ithacae, dux Graecōrum (Graecē *Odysseus*) **37**.26, 46; **38**.64,179,185
Ulpia, basilica, ab imperātōre M. Ulpiō Trāiānō aedificāta **36**.332
Ulpius Trāiānus, v. **Trāiānus**
Ultor -ōris, cognōmen Mārtis **36**.221
Umbria, regiō Italiae **48**.381
Uscudama, oppidum Thrāciae **53**.253
Utica, oppidum Āfricae **48**.760; **52**.335,526; **Uticēnsēs,** cīvēs **51**.30

V

Vaccaeī, gēns Hispāniae **48**.72,76; **51**.181
Valerius, M'., cōs. a. 263 **46**.311
Valerius, Q., cōs. a. 239 **47**.146
Valerius Corvīnus, M., tribūnus mīlitum a. 349 Gallum vīcit corvō iuvante, cōs. a. 348, 346, 343, 335 **46**.165,169
Valerius Flaccus, L., cōs. a. 195 **50**.183

Valerius Laevīnus, P., cōs. a. 280 ā Pyrrhō victus **46**.222,228

Valerius Pūblicola, P., cōs. suf. a. 509 **45**. 253,283; **46**.14,24

Varrō -ōnis, cognōmen gentis Terentiae

Varrō, C. Terentius, cōs. a. 216 ad Cannās victus Venusiam perfūgit **48**.410,414,436,446, 567,583; **49**.80

Varrō, M. Terentius, scrīptor Rōmānus doctus saec. I (opera servāta: Dē rē rūsticā, Dē linguā Latīnā) **47**.93,147; **54**.600

Vāticānus, ager, trāns Tiberim, ubi situs est **circus Vāticānus 36**.194

Vēiī -ōrum *m*, urbs Etrūscōrum, ā Camillō capta a. 396 **42**.210; **46**.99; **47**.84; *adi* **Vēiēns** -entis **43**.199; **47**.56; *pl* cīvēs **42**.174,207-220; **43**. 125,192,219; **44**.303; **46**.68,97,103

Velia, collis ā Palātiō ēminēns **36**.342

Venus -eris *f*, Iovis fīlia, dea amōris **19**.5, 21; **33**.75; **36**.164,209,341; **37**.91,186; **39**.9, 96-109,143,153,237,250,270; **40**.21; *pl* -erēs **34**.88; **Venus Genetrīx,** cui Caesar templum dēdicāvit **36**.208; **Veneris cursus** (stēlla) **56**. 132; **templum Veneris et Rōmae 36**.341

Venusia, oppidum Āpūliae **48**.513,564; **49**.101

Vergilius Marō, P., poēta Rōmānus (magnum opus: Aenēis I–XII) **35**.(212); **36**.367,370; 37-**40**.0; **46**.478

Verginius, L., tribūnus mīlitum occīdit fīliam virginem nē ā decemvirō violārētur **46**.89

Verginius, T., cōs. a. 479 **46**.67

Verrēs -is, **C.,** prōpraetor a. 73–71 Siciliam dīripuit, ā Cicerōne accūsātus **53**.(394)

Vespasiānus, T. Flāvius, prīnceps Rōmānus a. 69–79 p.C. **36**.291,297; **aedēs Dīvī Vespasiānī,** in forō Rōmānō **36**.146,158

Vesta, dea focī **36**.109,113,164; **aedēs Vestae,** in forō Rōmānō **36**.108; **ātrium Vestae,** domus

Vestālium 36.116; *adi* **Vestālis,** virgō **36**.112, 237; **41**.87; **42**.332; **55**.395; *f* **36**.116; **41**. 89,92,199

Vetīlius, M., praetor a. 147 ā Viriāthō captus **51**.142

Vettius, T., bellō sociālī Pīcentium et Mārsōrum dux **53**.39

Veturia, Coriolānī māter **46**.62

Veturius, T., cōs. II a. 321 ā Samnītibus victus **46**.194; **47**.119 (Tib. V.)

Vīminālis, collis in quō Rōmae pars sita est, ā Serviō Tulliō urbī adiectus **36**.7; **44**.343

Viriāthus, Lūsītānōrum contrā Rōmānōs dux **51**.140,154,155

Viridomārus, rēx Gallōrum, ā Mārcellō occīsus **46**.469

Volesus, P. Valeriī Pūblicolae pater **45**.253

Volscī, gēns Latiī **45**.93,109; **46**.53,58,100,129; **47**.49

Volumnia, Coriolānī uxor **46**.63

Volux -ucis, Bocchī fīlius **52**.650,652

Vulcānus, Iovis et Iūnōnis fīlius, deus ignis et fabrōrum **19**.8; **22**.21; **36**.165

Vulsō -ōnis, v. **Mānlius Vulsō**

X

Xanthippus, dux Lacedaemoniōrum, bellō Pūnicō I Poenōs adiūvit **46**.349

Xenoclēs -is, Adramyttēnus, rhētor, Cicerōnem in Asiā docuit **53**.360

Xerxēs -is, rēx Persārum a. 486–465 **47**.52

Z

Zacynthos -ī *f*, īnsula maris Īoniī **38**.63

Zama, oppidum Āfricae ubi Hannibal ā Scīpiōne victus est a. 202 **48**.(806); **49**.114,117

Zēnō -ōnis, philosophus Graecus, disciplīnam Stōicōrum īnstituit **47**.127

INDEX VOCABVLORVM

A

ā 6.34 v. ab
ab/ā prp+abl 5.48; 6.34,62;
 12. 125; 13.13,36,40; 16.51;
 33.23
ab-aliēnāre 50.408
ab-dere 41.168
abditus -a -um 52.154
ab-dūcere 31.164
ab-errāre 26.128
ab-esse ā-fuisse 4.20; 48.123
ab-horrēre 44.439
ab-icere 29.145
ab-igere 41.175
ab-īre 8.18; 44.12
ablātīvus -ī m 5.126
ab-olēre -ēvisse 39.284; 40.182
ab-olēscere -ēvisse 43.38
ab-ripere 39.42
ab-rogāre 45.318
ab-rumpere 40.147
abs tē 27.80 v. ab
abs-cēdere 50.430
absēns -entis 17.89
ab-solvere 43.180, 45.270
abs-terrēre 48.600
abs-tinēns -entis 51.132
abs-tinēre 29.87; 42.180
abs-trahere 51.295; 56.291
ab-sūmere 36.226; 40.229;
 48.502,636
abundāns -antis 53.299
abundantia -ae f 51.283
ab-undāre 53.299; 55.386
abundē 52.518
ab-ūtī 55.28
ac 12.59 v. atque
ac-cēdere 22.67; 42.54
ac-cendere -disse -ēnsum 34.
 84,110; 39.285; 45.212
acceptus -a -um 42.226
accersere -īvisse -ītum 52.707
accessiō -ōnis f 50.456
ac-cidere 26.112; 50.570
ac-cingere 44.390
ac-cipere 8.19; 19.80; 47.27
ac-cīre 44.150
ac-clāmāre 50.111
ac-colere 56.165
ac-commodāre 55.241
ac-cubāre 30.73

ac-cumbere 30.96
accūrātus -a -um 52.237
ac-currere 9.75
ac-cūsāre 4.48; +gen 29.137
accūsātīvus -ī m 3.88
ācer ācris ācre 34.47; 37.132
acerbus -a -um 30.131; 48.194
acervus -ī m 48.630
aciēs -ēī f 33.15; 48.636;
 56.169
ac-quiēscere 49.243
ac-quīrere 52.179
ācta -ōrum n 52.464
āctiō -ōnis f 51.315; 53.376
āctīvus -a -um 6.127; 35.69
āctor -ōris m 53.364
acūtus -a -um 30.105; 38.187;
 56.147
ad prp+acc 6.19; 8.81; 13.36;
 14.43; 16 7; 33.132; 41.8;
 47.77; ad hoc 52.29
ad-amāre 48.770
ad-dere 18.104
ad-dūcere 39.202; 50.476
ad-eō 38.27; 42.21; 52.685
ad-esse af-fuisse 4.20; +dat
 32.117
ad-hortārī 43.78
ad-hortātor -ōris m 48.313
ad-hūc 14.34
ad-icere 29.5; 30.166; 41.154
adiectīvum -ī n 12.158
ad-igere 48.16
ad-imere 36.304
ad-ipīscī -eptum 41.77
ad-īre 7.62; 16.28; 29.5
aditus -ūs m 48.422; 50.192
ad-iungere 33.5; 49.184
ad-iuvāre 32.54
ad-minister -trī m 52.372
ad-ministra -ae f 54.378
ad-ministrāre 45.17
ad-mīrārī 28.179; 44.374
ad-mīrātiō -ōnis f 35.220;
 43.180
ad-miscēre 51.269
ad-mittere 22.9
ad-modum 42.57
ad-monēre 40.131; +gen
 44.403
admonitus -ūs m 44.439

admovēre 40.139; 50.185,551
admurmurātiō -ōnis f 54.393
ad-nectere 35.157
ad-nītī 52.510
adnotātiuncula -ae f 47.165
adolēscere -ēvisse 41.106
adōnius -ī m 56.349
ad-optāre 50.(601); 52.86
adoptātiō -ōnis f 52.132
adoptiō -ōnis f 50.615
ad-ōrāre 28.25
ad-orīrī 42.260
ad-ōrnāre 54.365
ad-stāre 38.31
ad-suēscere 48.35
adulēscēns -entis m 19.39
adulēscentia -ae f 52.300
adulter -erī m 45.262
adulterīnus -a -um 52.148
adulterium -ī n 45.245
adultus -a -um 55.266
aduncus -a -um 42.293
ad-vehere 20.122
advena -ae m/f 40.222
ad-venīre 7.30; 52.688
adventāre 52.363
adventīcius -a -um 54.246
adventus -ūs m 41.27
adverbium -ī n 18.198; 35.103
adversārī (+ dat) 51.251
adversārius -ī m 49.161
adversum prp+acc 35.182;
 46.167
adversus -a -um 32.57,99; 46.
 231; 56.169,184; ex -ō 48.294
adversus prp+acc 20.65; 32.23
ad-vertere 42.325
ad-vocāre 40.99
aedēs -is f 36.99; pl 37.134
aedificāre 25.12
aedificium -ī n 25.29
aedīlicius -ī m 53.151
aedīlis -is m 48.560
aedīlitās -ātis f 51.92
aeger -gra -grum 11.24,29;
 45.265
aegrē 42.147; 54.106; a. patī/
 ferre 42.30,177
aegrōtāre 11.48
aegrōtus -a -um 24.1
aēneus -a -um 49.173

aequābilis -e 55.(205); **56**.147
aequābilitās -ātis *f* **55**.205
aequālis -is *m/f* **45**.219
aequāre **45**.92; **48**.56,395
aequinoctium -ī *n* **13**.77
aequor -is *n* **38**.46
aequus -a -um **13**.43,77;
  29.180; **42**.117; **46**.248;
  55.196; -um est **54**.495
āēr āeris *m* **10**.10,53
aerārium -ī *n* **36**.133
aerātus -a -um **45**.346
aereus -a -um **36**.337
aes aeris *n* **36**.54; **44**.314
aesculētum -ī *n* **56**.315
aestās -ātis *f* **13**.80,81
aestimāre **29**.6
aestīvus -a -um **56**.319
aestuōsus -a -um **56**.306
aetās -ātis *f* **33**.23,33; **36**.16;
  -em agere **40**.21
aeternus -a -um **36**.111
aethēr -eris *m* **40**.213
aevum -ī *n* **56**.65
affectāre **44**.365; **53**.58
affectus -ūs *m* **35**.216
af-ferre at-tulisse al-lātum
  14.42; **23**.140; **48**.101
af-ficere **29**.45,46; **51**.75
af-fingere **54**.74
af-firmāre **34**.126; **41**.54
af-flīgere -xisse -ctum **54**.227,
  248
af-fluere **48**.422
Āfricus -ī *m* **39**.30
age agite **5**.87,99
ager agrī *m* **27**.5; **30**.124
agere ēgisse āctum **5**.82; **24**.19;
  27.14; **37**.90; **46**.136; **51**.132;
  causam a. **48**.147; **53**.291;
  sē a. **53**.246; a. cum **42**.324;
  45. 30; agitur rēs/dē rē **54**.23,
  126; āctum est dē **44**.413
agger -is *m* **44**.345
ag-gredī **43**.61; **52**.86; a. ad
  44.308
agitāre **43**.(90); **52**.419; **56**.
  262; **54**.270; **51**.299; animō/
  sēcum a. **52**.122,705
agitātiō -ōnis *f* **43**.90
agmen -inis *n* **33**.10; **39**.68
agna -ae *f* **42**.363
agnōscere -ōvisse **38**.84
agnus -ī *m* **25**.5
agrārius -a -um **51**.216

agrestis -e **42**.5; *m* **42**.189
agricola -ae *m* **27**.10
ain' **21**.71
āiō ais ait āiunt **21**.68; **24**.61
āla -ae *f* **10**.12; **48**.476
alacer -cris -cre **56**.62
ālātus -a -um **40**.83
albus -a -um **9**.3
alere -uisse altum **20**.12,97;
  48.150
āles -itis *f* **44**.124
aliās *adv* **49**.213
al-ibī **48**.818
aliēni-gena -ae *m* **55**.378
aliēnus -a -um **20**.14,122;
  52.109
aliō *adv* **45**.193; **48**.840
ali-quamdiū **42**.236
ali-quandō **32**.131,157; **55**.29
ali-quantum **31**.52
ali-quī -qua -quod **24**.59; **25**.
  17; **26**.85; **31**.17
ali-quis -quid **21**.65,91
ali-quot **32**.29
aliter **24**.22
ali-unde **56**.262
alius -a -ud **8**.5,33; aliī… aliī
  10.33; alius aliā viā **42**.350
al-licere -iō -lēxisse -lectum
  29.94
al-ligāre **48**.403
al-loquī **37**.227
altāria -ium *n* **40**.189
alter -era -erum **14**.11,78; **16**.
  77,113; **19**.5,8; -um tantum
  31.180
altitūdō -inis *f* **52**.585
altum -ī *n* **16**.65
altus -a -um **12**.100,141; **16**. 44;
  -ē **44**.282; **52**.133
alveus -ī *m* **41**.98; **48**.85
amāns -antis *m/f* **19**.18
amāre **5**.21,23
amārus -a -um **44**.472
amātōrius -a -um **42**.355
ambō -ae -ō **41**.103,135
ambulāre **6**.24
ā-mēns -entis **37**.105
amīca -ae *f* **6**.78
amīcitia -ae *f* **32**.112
amictus -ūs *m* **40**.85
amīcus -a -um **17**.80
amīcus -ī *m* **6**.43,44
ā-migrāre **44**.116
ā-mittere **29**.24

amnis -is *m* **33**.70
amoenitās -ātis *f* **54**.426
amoenus -a -um **27**.5
amor -ōris *m* **19**.19
amphitheātrum -ī *n* **32**.214
amphora -ae *f* **49**.170
am-plectī -xum **37**.62; **50**.403,
  517
ampliāre **50**.264
amplificāre **44**.89
amplitūdō -inis *f* **54**.501
amplius *adv* **46**.160
amplus -a -um **36**.56
amputāre **56**.205
an **14**.13; **17**.118; **29**.67; **45**.35
anceps -ipitis **43**.90,260; **48**.
  133
ancīle -is *n* **42**.335
ancilla -ae *f* **2**.31
ānfrāctus -ūs *m* **56**.49
anguis -is *m* **37**.55
angulus -ī *m* **48**.111
angustiae -ārum *f* **48**.293
angustus -a -um **21**.16
anima -ae *f* **10**.52; **28**.89
anim-ad-vertere **18**.131
animal -ālis *n* **10**.54
animāre **56**.91
animus -ī *m* **28**.9,144; **42**.121;
  pl **39**.81; **44**.105; in animō est
  43.250
annālis -is *m* **47**.22
anniversārius -a -um **36**.237
annus -ī *m* **13**.1
annuus -a -um **45**.412
ante *prp+acc* **6**.32; **13**.44; **19**.
  38; **25**.113; *adv* **16**.148; **43**.
  224
anteā **22**.11
ante-capere **52**.288
ante-cēdere **49**.5
ante-cellere **54**.132
ante-ferre **52**.230
ante-hāc **23**.93
ante-īre **42**.8; **52**.28
ante-pōnere **51**.308
ante-quam **15**.27
ante-venīre **52**.539
antīquitās -ātis *f* **54**.283
antīquus -a -um **2**.81; **13**.19
antrum -ī *n* **38**.117
ānulus -ī *m* **8**.7
anus -ūs *f* **34**.187
ānxius -a -um **45**.171
aper aprī *m* **39**.99

aperīre -uisse -rtum **7**.14;
 41.122; **50**.204
apertus -a -um **14**.15; **30**.152
apis -is *f* **18**.110
ap-parāre **39**.259
apparātus -ūs *m* **48**.126
ap-pārēre **29**.111; -et **33**.44
ap-pellāre **16**.3; **20**.28
appellātīvus -a -um **35**.11
ap-pellere **39**.137
ap-petere **52**.45
ap-plicāre **53**.363
ap-pōnere **11**.89; **30**.100
ap-portāre **30**.133
ap-prehendere **28**.50
ap-probāre **55**.144
ap-propinquāre **29**.185
aprīcus -a -um **55**.75
Aprīlis -is *m* **13**.3
aptus -a -um **44**.112; -ē **44**.121
apud *prp+acc* **6**.37; **11**.32;
 46.260
aqua -ae **5**.28; **36**.251
aquārī **48**.424
aquātor -ōris *m* **48**.422
aquila -ae *f* **10**.9; **33**.9
Aquilō -ōnis *m* **39**.148; **56**.204
āra -ae *f* **36**.178
arānea -ae *f* **34**.154
arāre **27**.9
arātor -ōris *m* **27**.13
arātrum -ī *n* **27**.12
arbiter -trī *m* **44**.267; **51**.85
arbitrārī **22**.94
arbitrātus -ūs *m* **55**.349
arbitrium -ī *n* **49**.239
arbor -oris *f* **9**.21
arcēre **39**.11
arcessere -īvisse -ītum **11**.43
arcuātus -a -um **36**.257
arcus -ūs *m* **12**.91; **36**.142
ārdēns -entis **44**.366
ārdēre -sisse -sum **36**.111
ārdor -ōris *m* **40**.216; **56**.191
arduus -a -um **33**.51
ārea -ae *f* **50**.56; **55**.348
argenteus -a -um **30**.90
argentum -ī *n* **30**.91
arguere -uisse -ūtum **41**.213;
 42.242
argūmentum -ī *n* **43**.339
āridus -a -um **56**.317
ariēs -etis *m* **13**.(0); **48**.113
arma -ōrum *n* **12**.34
armāre **32**.176; sē a. **37**.117

armātūra -ae *f* **48**.287
armātus -a -um **12**.35
armentum -ī *n* **41**.164
armilla -ae *f* **42**.111
ar-rīdēre **56**.58
ar-ripere **44**.433
ar-rogāre **52**.480
ars artis *f* **26**.49,72; **42**.377; *pl*
 50.678; **51**.283
artifex -icis *m* **50**.591
artificium -ī *n* **52**.492
artus -a -um **50**.188; **56**.22
arvum -ī *n* **37**.14
arx arcis *f* **36**.23
as assis *m* **17**.97; **34**.114
a-scendere **10**.94; **11**.46
a-scīscere -scīvisse -scītum
 55.300
asinīnus -a -um **31**.49
asinus -ī *m* **10**.1
asper -a -um **51**.292; **52**.448
a-spergere -sisse -sum **30**.110
asperitās -ātis *f* **52**.547
a-spicere **8**.15,39
assēnsus -ūs *m* **48**.32
as-sentīre/-rī **45**.122; **48**.41
as-sequī **55**.332
as-serere -uisse -rtum **53**.35
as-sīdere **55**.48
assiduitās -ātis *f* **53**.402
assiduus -a -um **42**.329
as-signāre **48**.189; **56**.95
as-sūmere **45**.124; **52**.373
as-surgere **48**.285
astrologus -ī *m* **47**.87
astrum -ī *n* **40**.130
asȳlum -ī *n* **42**.12
at **15**.25; **39**.216; **40**.237
āter -tra -trum **16**.97
āthlēta -ae *m* **50**.592
atque/ac **11**.41;**12**.59; **13**.79;
 18.143; **20**.142; **32**.211
atquī **55**.24
ātrium -ī *n* **5**.27; **36**.116
atrōx -ōcis **43**.139
attat! **35**.220
attentus -a -um **28**.109
at-tenuāre **54**.328
at-terere **52**.9
at-tinēre **55**.43
at-tingere -tigisse -tāctum
 37.56; **39**.41; **52**.242
attonitus -a -um **40**.96
auctor -ōris *m* **41**.56,135;
 42.273; **45**.123,292; **48**.632

auctōritās -ātis *f* **45**.27; **48**.244
audācia -ae *f* **32**.13
audāx -ācis **26**.22,54; **32**.24
audēre ausum esse **10**.88;
 31.169
audīre **3**.42; **4**.50; **6**.83; **10**.50;
 dictō -ēns esse **44**.285
au-ferre abs-tulisse ab-lātum
 31.52; **45**.264
au-fugere **31**.51
augēre -xisse -ctum **19**.96
augēscere **52**.410
augur -is *m* **42**.291
augurium -ī *n* **44**.122; **50**.327
augustus -a -um **36**.38
Augustus -ī *m* **13**.4
aula -ae *f* **40**.119
aura -ae *f* **37**.246
aurātus -a -um **36**.161
aureus -a -um **22**.17; **37**.6; *m*
 22.108
aurīga -ae *m* **34**.40
auris -is *f* **11**.6
aurōra -ae *f* **38**.136
aurum -ī *n* **22**.15
auspicārī **41**.146; -ātō **42**.289
auspicium -ī *n* **41**.147; **50**.381
Auster -trī *m* **39**.208; **56**.204
austrālis -e **56**.(189),192
aut **8**.14,108; aut...aut **18**.7
autem **6**.42
autumnus -ī *m* **13**.81,85
auxilium -ī *n* **25**.65; *pl* **33**.5
avāritia -ae *f* **49**.167
avārus -a -um **31**.22
ā-vehere **37**.31
ā-vellere -vellisse -vulsum
 48.363
avēre **50**.69
āversus -a -um **41**.169
ā-vertere **23**.51; **29**.163; **40**.
 197; **44**.191; **45**.266; **48**.317
avidus -a -um **52**.38
avis -is *f* **10**.9
avītus -a -um **43**.8
ā-volāre **45**.218
avunculus -ī *m* **12**.19
avus -ī *m* **41**.136

B
baculum -ī *n* **4**.62
bālāre **9**.70
balneae -ārum *f* **36**.243
balneum -ī *n* **30**.1
barba -ae *f* **37**.95

barbarus -a -um **12**.61; *m* **14**.76
basilica -ae *f* **36**.70
bāsium -ī *n* **34**.118
beātus -a -um **19**.86
bellāre 39.182
bellātor -ōris *m* **45**.313
bellicōsus -a -um **39**.3
bellicus -a -um **51**.302
bellum -ī *n* **12**.76
bellus -a -um **34**.58
bēlua -ae *f* **55**.275
bene 11.14; b. velle **31**.29
beneficium -ī *n* **29**.141
benignus -a -um **37**.12
bēstia -ae *f* **10**.1
bēstiola -ae *f* **18**.110
bibere -bisse **9**.9
bibliothēca -ae *f* **36**.231
bīduum -ī *n* **49**.115
biennium -ī *n* **53**.344
bīnī -ae -a **30**.74; **41**.231; **48**.421
bis 18.126
blandīrī 48.13
blandus -a -um **42**.54; -ē **43**.18
boārius -a -um **36**.176
bonum -ī *n* **30**.52; **52**.61; *pl* **44**.93
bonus -a -um **4**.68; **11**.14
bōs bovis *m/f* **21**.31; **41**.176
bracchium -ī *n* **11**.1
brevī *adv* **25**.77; **42**.39
breviārium -ī *n* **46**.0
brevis -e **12**.50; **13**.28
brūtus -a -um **45**.180

C
cachinnus -ī *m* **34**.151
cadere cecidisse **10**.103; **16**.102; **42**.95
cadūcus -a -um **56**.135
caecus -a -um **28**.31; **38**.56; **40**.2
caedere cecīdisse -sum **33**.18
caedēs -is *f* **33**.133; **44**.448
caelestis -e **37**.170; *pl m* **42**.247
caelitēs -um *m* **56**.8
caelum -ī *n* **9**.25; *pl* **28**.171
caerimōnia -ae *f* **55**.394
calamitās -ātis *f* **46**.374
calamus -ī *m* **18**.161
calcar -āris *n* **48**.328
calceus -ī *m* **14**.85
calidus -a -um **13**.87; *f* **30**.114

callidus -a -um **48**.412
callis -is *f* **50**.177
calor -ōris *m* **27**.122
campus -ī *m* **9**.1
cancer -crī *m* **13**.(0)
candēlābrum -ī *n* **36**.305
candidus -a -um **21**.4; **34**.150
candor -ōris *m* **56**.102
canere cecinisse **10**.80; **14**.19; **29**.66; **34**.70; **41**.189; **52**.621
canis -is *m/f* **9**.2; **10**.77
cantāre 3.3; **34**.163; **56**.311
cantus -ūs *m* **29**.73
capere -iō cēpisse captum **10**.2, 78; **26**.6; **29**.90,148; **32**.13; **36**.191; **37**.98; fugam c. **37**.196; c. animō **48**.535
capillus -ī *m* **11**.6
capitulum -ī *n* **1**.73
capra -ae *f* **40**.50
captīvus -ī *m* **44**.194
caput -itis *n* **11**.5; **12**.65; **30**.101; **45**.81; **46**.76; -ite pūnīre **31**.118; -itis damnāre **46**.190; -ite cēnsus **52**.523
carcer -is *m* **26**.25
cardō -inis *m* **22**.2
carēre 20.6
carīna -ae *f* **40**.155
cāritās -ātis *f* **45**.68,136; **54**.477
carmen -inis *n* **29**.90; **32**.102
carō carnis *f* **30**.104
carpentum -ī *n* **44**.118
carpere -psisse -ptum **5**.57; **27**.168
cārus -a -um **32**.21,85
casa -ae *f* **36**.13
castellum -ī *n* **46**.339
castīgāre 45.(291); **48**.771
castīgātor -ōris *m* **45**.291
castitās -ātis *f* **45**.227
castra -ōrum *n* **12**.93; **50**.312
castus -a -um **45**.196
cāsus -ūs *m* **26**.126; **35**.9,24; **38**.97; **46**.392; cāsū **41**.70
catēna -ae *f* **22**.11
caterva -ae *f* **39**.194
cauda -ae *f* **10**.15
caudex -icis *m* **47**.135
causa -ae *f* **21**.37; -ā +*gen* **26**.135; **29**.139; **43**.181,336
causālis -e **35**.163,170
cautus -a -um **26**.81
cavea -ae *f* **51**.170
cavēre cāvisse cautum

22.60,65; c. (nē) **27**.173; **48**.500
cavus -a -um **38**.203
-ce 52.5; **54**.341
cēdere cessisse cessum **22**.73
cēlāre 39.118; **49**.40
celeber -bris -bre **36**.68; **41**.76
celebrāre 47.138; **48**.608; **50**.138
celebrātus -a -um **53**.345
celebritās -ātis *f* **55**.397; **56**.178
celer -is -e **26**.4
celeritās -ātis *f* **53**.269
cella -ae *f* **36**.46
celsus -a -um **29**.93; **38**.140
cēna -ae *f* **30**.9
cēnāre 30.40
cēnsēre -uisse -sum **27**.63; **44**.47,311
cēnsor -ōris *m* **46**.200
cēnsūra -ae *f* **53**.412
cēnsus -ūs *m* **44**.307,311
centēsimus -a -um **17**.31
centum 2.39
centuria -ae *f* **42**.169; **44**.312
centuriātus -a -um **45**.342
centuriātus -ūs *m* **54**.388
centuriō -ōnis *m* **43**.247; **45**.88
cēra -ae *f* **18**.108,109
cerebrum -ī *n* **11**.9
cernere crēvisse crētum **16**.69; **32**.114; **48**.365
certāmen -inis *n* **34**.15
certāre 34.12
certē 18.73
certō *adv* **24**.59
certus -a -um **17**.118,121; **25**.43; **32**.114; -um mihi est **37**.204; -um habēre **48**.358; prō -ō **41**.53; -iōrem facere **38**.43
cervus -ī *m* **39**.67
cessāre 28.7; **46**.86; c. ab **48**.126,171
cēterī -ae -a **2**.59; *sg* **13**.51
cēterum 24.76
charta -ae *f* **18**.161
chronicus -a -um **47**.8
cibus -ī *m* **9**.6; **30**.9
cicātrīx -īcis *f* **52**.487
-cidere -cidisse < cadere
-cīdere -cīdisse -cīsum < caedere
ciēre cīvisse citum **56**.282
cingere cīnxisse cīnctum **27**.6;

gladiō -ī **37**.152
cingulus -ī *m* **56**.188
cinis -eris *m* **40**.22
-cipere -iō -cēpisse -ceptum
    < capere
circā *prp*+*acc* **27**.51; **47**.66;
    adv **44**.88,264
circēnsis -e **34**.37; *m pl* **34**.39
circiter 30.10
circu-īre 50.178
circuitus -ūs *m* **51**.100; **56**.51
circum *prp*+*acc* **6**.14; **39**.12;
    adv **37**.262
circum-agere 39.44; **42**.203
circum-dare 33.20; **37**.62
circum-dūcere 43.213
circum-fundere 39.153,231;
    48.298, *pass* 362
circum-īre 38.118; **42**.46
circum-sedēre 48.151
circum-silīre 34.96
circum-sistere 43.234
circum-stāre 40.202
circum-vāllāre 47.120
circum-vehī 38.207; **50**.216
circum-venīre 48.277
circus -ī *m* **34**.36; **56**.91
cis 35.182,188
citātus -a -um **43**.210
citerior -ius **33**.132
citimus -a -um **56**.109
citō *adv* **38**.15; *comp* citius
    39.56
citrā *prp* + *acc* **33**.87
citrō: ultrō -que **56**.14
cīvīlis -e **43**.30; **46**.6
cīvis -is *m/f* **25**.67; **28**.154
cīvitās -ātis *f* **42**.15
clādēs -is *f* **42**.95; **48**.281;
    50.672
clam 39.117
clāmāre 8.36
clāmitāre 42.139
clāmor -ōris *m* **9**.79
clandestīnus -a -um **44**.84
clāritūdō -inis *f* **52**.57
clārus -a -um **13**.48; **29**.93;
    36.31
classiāriī -ōrum *m* **49**.197
classis -is *f* **32**.23; **44**.312
claudere -sisse -sum **7**.15; **48**.
    289,402,464
claudus -a -um **28**.32
clāva -ae *f* **41**.180
clāvis -is *f* **23**.103

clēmēns -entis **31**.84; **52**.297
clēmentia -ae *f* **50**.404
clībanārius -ī *m* **53**.239
clipeus -ī *m* **37**.66
clīvus -ī *m* **36**.131,169
cloāca -ae *f* **36**.62
-clūdere -sisse -sum
    < claudere
co-alēscere -uisse **42**.4
cocus -ī *m* **30**.67
coep- coept- *v.* incipere
coepta -ōrum *n* **44**.171
co-ercēre 44.259
coetus -ūs *m* **55**.170
cōgere co-ēgisse co-āctum
    33.32; **40**.101
cōgitāre 17.57
cōgitātiō -ōnis *f* **44**.129
cognātus -a -um **43**.55
cognitiō -ōnis *f* **54**.426
cognōmen -inis *n* **12**.12
cognōmentum -ī *n* **47**.34
cognōscere -ōvisse -itum **21**.2;
    31.10; **32**.219
co-horrēscere -uisse **56**.30
cohors -rtis *f* **33**.2; **50**.429
co-hortārī 49.(201)
cohortātiō -ōnis *f* **49**.200
co-īre 51.69
colere -uisse cultum **27**.11;
    42.249,347; **44**.236; **50**.482
col-lābī 36.153
col-lacrimāre 56.6
col-laudāre 45.77
collēctiō -ōnis *f* **54**.218
collēga -ae *m* **46**.24
col-ligāre 43.158
col-ligere 39.57, 62; **55**.152
collis -is *m* **9**.20
col-locāre 36.295; **54**.169
col-loquī 20.47; **33**.149
colloquium -ī *n* **20**.71; **41**.12
col-lūcēre 40.207
collum -ī *n* **8**.22
colōnia -ae *f* **51**.272
colōnus -ī *m* **27**.70; **40**.245
color -ōris *m* **11**.20
colossus -ī *m* **36**.284
columba -ae *f* **42**.362
columna -ae *f* **19**.3
coma -ae *f* **37**.176
comes -itis *m/f* **23**.108
cōmicus -a -um **47**.(144)
cōmis -e **44**.133
comitārī 23.107; -ātus **39**.95

comitātus -ūs *m* **44**.437
comitia -ōrum *n* **44**.4
commeātus -ūs *m* **48**.661
com-memorāre 33.22
com-mendāre 54.112
commendātiō -ōnis *f* **53**.323
commentārī 53.310
commentārius -ī *m* **47**.13
com-migrāre 44.94
com-mittere 36.214; **43**.184;
    53.92; **54**.335
commodum -ī *n* **42**.376;
    52.239
com-morārī 53.199
commōtus -a -um **53**.377
com-movēre 37.246; **46**.16
commūnicāre 55.300
commūniō -ōnis *f* **55**.171
com-mūnīre 48.421
commūnis -e **32**.32; **35**.10,17
com-mūtāre 53.341
commutātiō -ōnis *f* **52**.183
cōmoedia -ae *f* **34**.45
com-parāre (1) **48**.231
com-parāre (2) **18**.77; **35**.35
comparātiō -ōnis *f* (1) **54**.55
comparātiō -ōnis *f* (2) **35**.30
comparātīvus -ī *m* **12**.202
com-pārēre 55.330
com-pellere 39.209; **51**.43
com-perīre -risse -rtum **46**.258
com-plectī -xum **16**.87; **36**.5;
    53.328; **56**.23
com-plēre 30.147; **35**.179
complexus -ūs *m* **46**.390
com-plōrāre 43.(133); **51**.156
complōrātiō -ōnis *f* **43**.132
com-plūrēs -a -ium **25**.35
com-pōnere 44.147; **48**.805;
    49.112; **52**.629; **53**.155
compos -otis **44**.31
compositus -a -um **51**.332; **52**.
    491; ex -ō **44**.261
com-prehendere 37.279
com-primere 41.89; **45**.328
com-probāre 49.47
com-putāre 17.101
cōnārī 16.138
con-cēdere 37.158; + *dat*
    42.262; **50**.265; **55**.105
concentus -ūs *m* **56**.147
con-certāre 54.296
con-cidere 37.147; **46**.72;
    55.411
con-cīdere 49.61

con-ciēre 45.289,337
conciliāre 41.33
concilium -ī *n* 41.133; 51.122
con-cipere 49.261; 54.34
concitāre 42.59; 49.208
concitātus -a -um 56.151
con-clāmāre 37.70
concordia -ae *f* 36.150
concors -rdis 42.173
concubīna -ae *f* 52.22
con-cumbere 40.68
con-cupīscere -īvisse 54.297
con-currere 38.204; 43.85
concursus -ūs *m* 42.176; 43.88
con-cutere 45.407
con-demnāre 43.156
con-dere 38.8; 45.347; 47.191;
   lūstrum c. 44.338
condiciō -ōnis *f* 32.146
conditor -ōris *m* 41.156
cō-nectere 56.118
cōn-ferre con-tulisse col-lātum
   37.261; 42.164; 44.243; sē c.
   38.169; arma/signa c. 48.6;
   50.22; c. ad/in 54.56,527
cōnfertus -a -um 48.329
cōnfessiō -ōnis *f* 44.356
cōnfestim 42.122
cōn-ficere 26.7; 27.68; 33.54;
   38.164; 43.109; 46.207; 54.
   297
cōnfidentia -ae *f* 47.186
cōn-fīdere 31.56; 39.171;
   52.345
cōnfīnis -e 51.304
cōn-firmāre 52.322,394
cōn-fitērī -fessum 29.114
cōn-flagrāre 43.333
cōnflīctāre 47.118
cōn-flīgere -xisse -ctum 44.180
cōn-fluentēs -ium *m* 43.196
cōn-fluere 43.196
cōn-fugere 37.65
cōn-fundere 41.174; 50.674
cōnfūsiō -ōnis *f* 55.228
con-gerere 54.222
con-gredī 49.7
con-gregāre 53.214
con-icere 37.139; 46.353;
   49.195; 55.67
coniectūra -ae *f* 47.15; 54.268
con-iugātiō -ōnis *f* 35.232
con-iugium -ī *n* 40.10
con-iūnctiō -ōnis *f* 55.176;
   35.6,156

coniūnctīvus -ī *m* 27.189
coniūnctus -a -um 53.379
con-iungere 18.30
con-iūnx -iugis *m/f* 19.7,9
con-iūrāre 54.558
con-iūrātiō -ōnis *f* 54.560
con-iūrātus -ī *m* 50.350;
   54.562
con-quiēscere 44.384
con-quīrere 55.55
cōn-salūtāre 54.569
cōn-scendere 16.56
cōn-scīscere -īvisse -ītum 44.
   48; mortem sibi c. 48.720
cōn-scius -a -um 50.418
cōn-scrībere 42.170; 47.62
cōn-scrīptī, patrēs c. 49.219
cōn-secrāre 36.40,350
cōn-senēscere -uisse 46.40
cōnsēnsus -ūs *m* 44.157
cōn-sentīre 44.48,50
cōn-sequī 26.5; 53.367
cōn-serere, manum c. 49.70
cōn-servāre 42.349
cōnservātor -ōris *m* 56.69
cōnsīderāre 49.165
cōnsīderātiō -ōnis *f* 55.98
cōn-sīdere 15.17; 38.37
cōnsilium -ī *n* 26.23; 48.820;
   49.212; eō -ō 29.14
cōn-sistere 8.12; 40.41
cōn-sociāre 42.163,263
cōn-sōlārī 16.90
cōnsonāns -antis *f* 18.8,25
cōnspectus -a -um 50.459
cōnspectus -ūs *m* 25.108,135;
   42.232; 47.4
cōn-spicere 21.29
cōnspicuus -a -um 44.132
cōnspīrātiō -ōnis *f* 54.565
cōnstāns -antis 28.99
constantia -ae *f* 47.186
cōn-stāre 8.56; 22.1; 42.365;
   48.470; cōnstat 41.2
cōn-stituere 25.56; 32.152;
   36.182
cōnstitūtiō -ōnis *f* 55.180
cōn-suētūdō -inis *f* 49.233
cōn-suēscere, cōnsuēvisse
   49.241
cōnsul -is *m* 36.36
cōnsulāris -e 46.86; *m* 46.517
cōnsulātus -ūs *m* 46.44
cōn-sulere -uisse -ltum 41.
   145; 48.217; +*dat* 54.31

cōnsultāre 48.107
cōnsultō *adv* 54.268
cōnsultor -ōris *m* 52.511
cōnsultum -ī *n* 48.679
cōn-sūmere 26.11,29; 36.43
cōn-surgere 50.468
con-temnere -tēmpsisse
   -tēmptum 32.14,73; 46.246
con-templārī 50.218
contēmptus -a -um 45.14
con-tendere -disse -tum 46.58;
   52.169; 53.296
contentiō -ōnis *f* 53.333;
   54.64,385
contentus -a -um 50.388
con-ticēscere -uisse 39.304
continēns -entis 43.281;
   50.85; *f* 50.546
continentia -ae *f* 54.434
con-tinēre 23.18; 42.60;
   54.405
contingere -tigisse -tāctum 37.
   75; 50.459; -it 46.234,453
continuāre 50.228
continuō *adv* 24.16
continuus -a -um 44.379
cōntiō -ōnis *f* 42.230,244; -em
   dare 50.623
cōntiōnārī 43.233
contrā *prp*+*acc* 12.72; 29.121;
   39.2; 46.414; *adv* 43.50,228
contrā-dīcere 48.415
con-trahere 30.32; 49.121,280
contrārius -a -um 16.49; 28.95
con-tremēscere -uisse 38.202
con-tuērī 56.237
contumēlia -ae *f* 44.376
contumēliōsus -a -um 52.264
con-turbāre 34.122
cōnūbium -ī *n* 40.111; 42.24
con-valēscere -uisse 42.184
convallis -is *f* 44.220
con-vehere 45.62
con-venīre 8.82; 15.64; 19.49;
   41.66,145; 45.255; -it 54.124
conventus -ūs *m* 50.100
conversiō -ōnis *f* 56.151
con-vertere 24.2; 48.44; 52.
   258; *pass* 56.134
con-vincere 47.91
convīva -ae *m/f* 30.73
convīvium -ī *n* 30.70
con-vocāre 33.109
co-optāre 55.326
co-orīrī 42.231

cōpia -ae f 27.38; 52.311,686; pl 41.45; 46.302
cōpulāre 33.106
cōpulātīvus -a -um 35.162,164
coquere -xisse -ctum 30.64
cor cordis n 11.19,136; 19.19; cordī esse 44.240
cōram prp + abl 31.122; adv 39.238
cornicen -inis m 44.325
cornū -ūs n 21.31; 43.198; 44.(332)
corōna -ae f 49.129
corpus -oris n 11.1
cor-rigere 18.105
cor-ripere 37.61; 44.471; sē c. 38.42
cor-rumpere 42.374; 43.185; 45. 55; 46.91
corvus -ī m 46.166
cōs. = cōnsul 48.275
cotīdiē 19.76
crās 20.128,130
crassus -a -um 10.101,102
crātis -is f 45.75
creāre 42.15; 56.273
crēber -bra -brum 39.32
crēdere -didisse -ditum 21.98, 114; + dat 21.119; 29.10
cremāre 36.127
crēscere -ēvisse 27.7,17; 32.20
crīmen -inis n 43.155
crīminārī 48.393
crīnis -is m 37.95
cruciāre 31.64
cruciātus -ūs m 43.169
crūdēlis -e 31.124
crūdēlitās -ātis f 41.91
cruentus -a -um 24.66
cruor -ōris m 21.29
crūs -ūris n 11.2
crux -ucis f 31.66
cubāre -uisse -itum 14.2
cubiculum -ī n 5.35
cubīle -is n 40.251
culīna -ae f 30.67
culmen -inis n 37.100,137; 44. 126; 50.525
culpa -ae f 43.242
culter -trī m 11.95
cultūra -ae f 54.140
cultus -ūs m 43.318; 44.234; 52.22,579
cum prp + abl 5.9,13,58; 21.15; 25.111,143

cum + ind 10.15; 18.128; 19.74; 25.53; + coni 29.76,78; 32.175; 33.109; cum prīmum 21.28; cum... tum 42.6
-cumbere -cubuisse -cubitum
cūnābula -ōrum n 55.343
cūnae -ārum f 20.2
cūnctārī 40.148; 52.180
cūnctātor -ōris m 48.389
cūnctus -a -um 32.40; pl 32.1
cuneus -ī m 48.472
cupere -iō -īvisse -ītum 24. 51,56
cupiditās -ātis f 25.122
cupīdō -inis f 40.69
cupidus -a -um 25.46
cūr 3.26
cūra -ae f 27.97; 37.32; -ae esse 40.36
cūrāre 20.77; 29.184; 32.186; c. ut/nē 27.102,139; -ndum c. `36.197
cūria -ae f 36.78; 42.168
currere cucurrisse 7.66
-currere -currisse -cursum
currus -ūs m 25.7
cursus -ūs m 32.220,222; 34. 36; 40.256; 41.95; 42.321; 46.276; 53.406; 56.121
curvus -a -um 38.7
cūstōdia -ae f 41.92; 42.227; 54.150
cūstōdīre 22.6; 29.104
cūstōs -ōdis m 37.86
-cutere -iō -cussisse -cussum < quatere

D
dactylus -ī m 34.250
damnāre 46.94,190
damnum -ī n 45.396
dapēs -um f 39.277
dare dedisse datum 7.46, 63,118; sē d. 37.84; 56.238; vēla d. 29.190; 38.4; 39.14
datīvus -ī m 7.110
dē prp + abl 11.53; 13.86; 19. 105; 20.48; 21.95; 36.183; 38.71
dea -ae f 19.6; pl dat/abl -ābus 36.40
dē-bellāre 40.296; 48.747
dēbēre 20.82; + dat 23.16
dēbilis -e 31.139
dēbilitāre 49.8

dē-cēdere 40.106; 44.102
decem 4.10
December -bris m 13.6
decem-virī -ōrum m 46.88
decēre 20.158; 21.54
dē-cernere 42.272; 49.67; 55.235
deciēs 18.118
decimus -a -um 13.5
dē-cipere 46.323
dē-clāmāre/-itāre 53.310
dē-clārāre 42.300,301; 55.162
dē-clīnāre 9.90
dēclīnātiō -ōnis f 9.88
decor -ōris m 39.149
decorāre 43.168
decōrus -a -um 52.24
dēcrētum -ī n 51.35
decuma -ae f 54.141
dē-currere 37.42
decus -oris n 42.84; 44.127
dē-cutere 45.143
dē-decus -oris n 45.244
dē-dere 41.117; 43.327; 45.221
dē-dicāre 36.159
dēditiō -ōnis f 44.201
dē-dūcere 36.61; 38.4; 45.233; colōniam d. 51.272
de-esse dē-fuisse 18.94; + dat 32.101
dē-fendere -disse -ēnsum 12. 107; 48.235
dēfēnsāre 52.345
dēfēnsor -ōris m 37.142
dē-ferre 38.57; 40.72; 46.146; 48.31,562; 51.236
dē-fervēscere -visse 53.372
dēfessus -a -um 52.619
dē-ficere 41.226; 48.486; 56. 225; d. ab/ad 43.193; 48.619
dē-fīgere 37.177; 43.274
dē-fīnīre 56.65
dē-flēre 50.675
dē-fōrmis -e 43.170
dēfōrmitās -ātis f 48.787
dē-fugere 56.96
dē-fungī 43.107; 50.659; 51.256
de-hinc 52.3
dē-icere 44.262
dein 34.119
deinceps 42.350; 50.306
de-inde 14.46; 40.202
dē-iūrāre 47.199
dē-lābī 42.246

dēlectāre 5.60
dēlectātiō -ōnis f 54.426
dēlēre -ēvisse -ētum 18.144;
36.275
dē-līberāre 45.141
dēlīberātiō -ōnis f 54.279
dēliciae -ārum f 34.87,91
dēlictum -ī n 45.266
dē-ligāre 49.91
dē-ligere 44.254
dē-linquere 44.55
dēlīrāre 47.181
dē-litēscere -uisse 50.426
delphīnus -ī m 29.62
dēlūbrum -ī n 44.206
dē-mandāre 44.64
dē-mēns -entis 40.140
dēmere -mpsisse -mptum
35.73; 42.129
dē-mergere 46.359
dē-mittere 37.85; 38.91
dē-mōnstrāre 17.138; 26.50;
56.254
dēmum 30.21
dēnārius -ī m 17.97
dēnī -ae -a 33.2
dēnique 27.2
dēns dentis m 9.73; 11.10
dēnsus -a -um 42.232
dē-nūntiāre 48.98; 50.339
dēnuō 24.4
deorsum 26.73
dē-pellere 47.91; 48.760;
dēpōnēns -entis 16.156
dē-pōnere 36.134; 41.220; 42.
313; animam d. 49.13
dē-populārī 48.327
dēpopulātiō -ōnis f 55.385
dē-portāre 50.106
dē-poscere 48.157
dē-prāvāre 52.220
dē-precārī 46.(64)
dēprecātiō -ōnis f 46.64
dē-prehendere/-prēndere
45.360, 370; 51.9
dē-primere 54.196
dē-prōmere 54.390
dēpulsiō -ōnis f 43.348
-dere -didisse -ditum < dare
dē-relinquere 52.22
dē-rīdēre 22.80; 25.15
dē-scendere 25.110; 42.316
dē-scīscere -īvisse 47.50
dē-scrībere 48.709
dē-serere -uisse -rtum 25.116;

31.125
dēsertus -a -um 54.467
dēsīderāre 33.65,137
dēsīderium -ī n 54.240
dē-signāre 42.76
dē-signātus -a -um 53.395
dē-silīre -uisse 29.88
dē-sinere -siisse -situm
15.65,66,158; 48.649
dē-sipere -iō 47.176
dē-sistere 32.203
dē-spērāre 29.89,120
dēspērātiō -ōnis f 48.132
dē-spicere 26.90,106; 33.168
dē-spondēre -disse -ōnsum
43.128
dēstināre 50.620
dē-struere 36.97
dē-tegere 51.76
dē-tergēre -sisse -sum 11.119
dēterior -ius 55.(432)
dē-terrēre 29.3
dēterrimus -a -um 55.432
dē-trahere 29.146;
48.465,801; 54.74
dētrīmentum -ī n 49.89
de-ūrere 47.178
deus -ī m, pl deī/diī/dī 10.28;
26.30; 29.53
dē-vehere 50.413
dē-venīre 39.129
dē-vincere 43.299,311
dē-vincīre 55.194
dē-vocāre 54.425
dē-vorāre 34.101
dexter -tra -trum 14.79
dext(e)ra -ae f 16.51; 30.98;
40.107; 45.261
dicāre 41.189
dīcere -xisse dictum 11.60,61;
13.58; 20.144; 26.162
diciō -ōnis f 44.208
dictāre 18.50
dictātor -ōris m 43.39; 46.46
dictātūra -ae f 46.43
dictitāre 45.4
dictum -ī n 28.54; -ō audiēns
esse 44.285
diēs -ēī m 13.8,35; 18.178,190;
f 32.147; 45.28; in -ēs 44.382
dif-ferre dis-tulisse dī-lātum
48.18; 54.116
dif-ficilis -e 17.69; 33.52
difficultās -ātis f 52.42,613
difficulter 45.80

dif-fīdere 41.35
dif-fluere 53.369
digitus -ī m 8.21
dignitās -ātis f 44.344; 46. 11,43
dignus -a -um 19.110
dī-gredī 38.101
dī-lābī 52.113
dī-lacerāre 51.280,296
dī-lātāre 56.206
dīlēctus -a -um 40.20
dīlēctus -ūs m 49.120
dīligēns -entis 30.31
dīligentia -ae f 42.347
dī-ligere -ēxisse -ēctum 20.141
dī-lūcēscere -xisse 50.236
dī-micāre 42.215
dīmicātiō -ōnis f 43.239
dīmidium -ī n 48.631
dīmidius -a -um 13.33,53
dī-mittere 23.12; 49.239
diphthongus -ī f 34.226
dī-rigere 43.200
dir-imere 50.152; 55.50
dī-ripere 48.69; 51.302
dī-ruere 43.266,269
dīrus -a -um 33.171
dis-cēdere 4.73
dis-ceptāre 52.126
discere didicisse 17.1
dis-cernere 38.54
discessus -ūs m 40.198
disciplīna -ae f 50.564; 51.194
discipulus -ī m 15.6,8; 28.52
discordia -ae f 36.148
di-scrībere 42.322
dis-crīmen -inis n 39.83;
41.144
discrīptiō -ōnis f 55.237
dis-cumbere 37.8
dis-currere 42.42
disertus -a -um 53.278
dis-icere 39.17; 49.153
disiūnctīvus -a -um 35.162,166
dis-iūnctus -a -um 54.61
dis-iungere 28.3
dispālārī 49.92
dis-pār -paris 43.69
dis-pellere 39.57
di-spergere -sisse -sum
51.298; 54.218
dis-plicēre 43.23
dis-pōnere 48.83
dis-putāre 55.103
disputātiō -ōnis f 55.111
dissēnsiō -ōnis f 51.309

dis-sentīre 55.113
dis-serere -uisse -rtum 48.836
dis-sidēre 49.185
dis-similis -e 43.6
dis-simulāre 40.106
dis-sipāre 54.217
dis-suādēre 32.76
di-stāre 50.548
di-stinguere -īnxisse -īnctum
55.177; 56.145
dis-trahere 43.261; 50.524
dis-tribuere 44.326; 52.142
districtus -a -um 49.248
dītāre 45.201
dītissimus -a -um 46.106
diū 30.13; comp diūtius 33.126;
sup diūtissimē 54.119
diurnus -a -um 50.228
diūtinus -a -um 47.117
diūturnitās -ātis f 46.5
diūturnus -a -um 37.21
dīversus -a -um 43.263
dīves -itis 19.61
dī-videre -vīsisse -vīsum
12.68, 105; 13.1; 39.75;
41.110
dīvīnitus 44.120
dīvīnus -a -um 36.121
dīvīsiō -ōnis f 52.242
dīvitiae -ārum f 29.27
dīvortium -ī n 47.153
dī-vulgāre 52.161
dīvum -ī n, sub -ō 40.179
dīvus -a -um 36.123
docēre -uisse -ctum 17.2;
fābulās d. 47.142
doctor -ōris m 49.254
doctrīna -ae f 53.302
doctus -a -um 17.4
documentum -ī n 50.611;
55.138
dolēre 11.80; 34.135
dolor -ōris m 24.25; 29.51
dolus -ī m 37.24
domāre -uisse -itum 44.212;
48.829
domesticus -a -um 36.110
domī 15.81; 20.127; 42.222
domicilium -ī n 54.200
domina -ae f 2.31
dominārī 37.115
dominātiō -ōnis f 51.287
dominātus -ūs m 55.201
dominus -ī m 2.26; 9.5; 16.110,
130; 30.95; pl 20.109

domō adv 20.137
domum adv 20.123
domus -ūs f (abl -ō, pl acc -ōs)
19.42; 37.200; 48.789
dōnāre 29.168; 49.129
dōnec 32.72; 43.324
dōnum -ī n 19.67; 52.486
dormīre 3.37
dorsum -ī n 29.100; 41.60
dubitāre 21.130,131; d. num
29. 116; +īnf 49.31
dubius -a -um 34.135; 44.161,
235; n 47.180; 49.164
ducentēsimus -a -um 47.40
du-centī -ae -a 13.10
dūcere -xisse ductum 9.34; 10.
54; 12.104; 18.53; 39.162;
43.44; 49.270; (uxōrem) d.
34.125,191
ductor -ōris m 43.244
ductus -ūs m 48.741; aquae d.
36.251
dūdum 37.245
duellum -ī n 44.47
dulcis -e 30.131; 40.21
dum 9.39,69; 10.48; 22.8;
+coni 51.41
dum-modo 34.17
dumtaxat 35.36
duo -ae -o 2.23; duum 52.560
duo-decim 6.15
duodecimus -a -um 13.6
duo-dē-trīgintā 13.28
duo-dē-vīgintī 17.20
du-plex -icis 41.148; 50.169
duplicāre 43.291
dūrāre 39.86; 51.187
dūrus -a -um 18.111; 46.347
duum-virī -ōrum m 43.143
dux ducis m 12.81; 16.44

E
ē 7.45 v. ex
eā adv 49.62
ēbrius -a -um 31.193
ecce 2.81; 4.59
ecquid 47.178
ec-quis -quae -quid/-quod
48.666
edepol 47.205
ē-dere 38.149,159; 41.200;
48.784; 51.80
ē-dīcere 43.289; 50.100
ē-disserere 50.116
ē-ducāre 31.150

ē-dūcere 32.64; 41.46
ef-ferre ex-tulisse ē-lātum 37.
204; 39.49; 50.498; sē e. 48.
788
ef-ficere 18.114; 46.160; 50.
460; e. ut 27.124
effigiēs -ēī f 40.187
ef-fringere -ēgisse -āctum
43.271; 52.155
ef-fugere 26.22,82; 38.110
ef-fulgēre 50.460
ef-fundere 33.78; 41.94;
48.251
effūsus -a -um 42.137; 44.192
egēns -entis 39.141
egēre 37.156
ego mē mihi 3.20; 14.30; 15.21;
17.66; 34.118; mē-cum 14.87
ego-met 38.182
ē-gredī 16.39; 52.677
ēgregius -a -um 32.25,31
ēgressus -ūs m 52.424
eia 35.117
ē-icere 28.5,73; sē ē. 44.263
ē-lābī 37.108; 45.170
ē-labōrāre 53.325
ēlēctus -a -um 48.744
elegāns -antis 49.269
elephantus -ī m 46.226
ē-līdere -sisse -sum 34.242
ē-ligere 30.58
ē-loquēns -entis 51.261
ēloquentia -ae f 53.290
ē-loquī 45.386
ē-lūcēre 56.103
ē-lūcubrāre 53.325
ē-lūdere 39.119
ēluviō -ōnis f 56.210
emere ēmisse ēmptum 8.14
ē-mergere 54.42
ē-minēre 36.91
ē-mittere 38.160; vōcem ē.
45.147
ēmptor -ōris m 52.435
ē-mūnīre 48.115
ēn 35.116; 39.177
ē-nervāre 48.693
enim 10.30
enim-vērō 45.70
ē-nītī -nīsum 52.119,300, 328
ēnsis -is m 33.172
ē-numerāre 49.102
eō adv 28.23
eō +comp 42.144
eōdem adv 45.48

epigramma -atis n 34.157
epistula -ae f 18.153
epulae -ārum f 45.351
epulārī 48.532
eques -itis m 12.43; 44.167
equester -tris -tre 48.265; ōrdō
  e. 51.219
e-quidem 30.51; e. ego 52.110
equitāre 52.27
equitātus -ūs m 12.113
equus -ī m 6.56
ergā prp + acc 19.94
ergō 10.121
ē-rigere 37.57,129; 39.231;
  40.179; 50.53
ē-ripere 29.45,122
errāre 9.50
error -ōris m 39.301; 45.350
ē-rubēscere -uisse 34.201
ē-rudīre 44.238
ērudītus -a -um 51.83
ē-ruere -ruisse -rutum 54.561
ē-rumpere 33.122
ēruptiō -ōnis f 51.202
erus -ī m 18.35; 22.48
ē-scendere 42.74
esse sum fuisse futūrum 1.1,
  18,53; 4.32
ēsse edō ēdisse ēsum 9.9,11;
  10.59
et 1.2; 25.95; et...et 7.50
et-enim 33.163
etiam 5.30,70; 26.104; e. atque
  e. 33.118
etiam-nunc 32.207
et-sī 24.38
euax! 35.219
Eurus -ī m 39.29
ē-vādere 42.148; 44.241;
  50.641
ē-vānēscere -uisse 40.94;
  50.324
ē-vehere 48.430
ē-venīre 36.105; 48.222
ēventus -ūs m 50.287
ē-vertere 53.111; 56.37
ē-vincere 51.35
ē-vocāre 41.12
ē-volāre 26.41
ē-volvere 28.58
ex/ē prp + abl 5.58; 14.11; 18.
  113; 22.1,13; 33.43,158;
  38.103; 41.24; 42.166; 43.53
ex-aequāre 50.262
ex-agitāre 47.49; 56.297

ex-animāre 48.372
ex-ārdēscere -sisse 51.220
ex-audīre 18.92
ex-cēdere 38.15,210
excellēns -entis 49.0
ex-cellere 53.288; + dat 54.408
excelsus -a -um 56.34
ex-cerpere -psisse -ptum 47.8
excessus -ūs m 55.363
ex-cidere 49.278; 55.145
ex-cīdere 46.102
excidium -ī n 48.214
ex-cipere 40.140; 44.264
ex-cīre 42.196
ex-citāre 14.35; 19.20
excitātus -a -um 56.152
ex-clāmāre 15.23
ex-clūdere 48.546
ex-cōgitāre 26.35
ex-cruciāre 34.138
ex-currere 33.115
excursiō -ōnis f 54.147
ex-cūsāre 21.45
exemplar -āris n 55.351
exemplum -ī n 1.90; 26.64;
  31.129
ex-ercēre 36.248,320; 40.242;
  45.10; 52.235; 54.146
exercitāre 53.290
exercitātiō -ōnis f 53.309
exercitātus -a -um 53.370
exercitus -ūs m 12.77,80
ex-haurīre 30.145; 40.9; 45.
  201,312
ex-igere 45.274; 46.174; 52. 34;
  54.146
exiguus -a -um 13.51; 17.148
ex-imere 49.261
eximius -a -um 41.192
ex-īre 7.83; 10.53
ex-īstimāre 27.62
exitus -ūs m 25.70; 26.111
ex-onerāre 51.201
exōrdium -ī n 44.219
ex-orīrī 40.244
ex-ōrnāre 30.64
exōrsus -ūs m 54.76
ex-pavēscere -pāvisse 46.227
ex-pedīre 48.304; 49.89; 52.5
expedītiō -ōnis f 50.285
expedītus -a -um 52.629
ex-pellere 36.35
ex-pergīscī -perrēctum 44.231
ex-perīrī -rtum 38.120
ex-pers -rtis 45.190

ex-petere 54.14
ex-plānāre 35.105
ex-plēre 35.(168); 48.631; 52.
  38,178; 56.229
explētīvus -a -um 35.162,168
ex-plicāre -uisse -itum 37.63;
  51.48; 54.320; 55.18,141
ex-plōrāre 39.93; 49.20
explōrātor -ōris m 46.223
ex-pōnere 29.101; 31.131;
  48.620
ex-portāre 54.131
ex-poscere 44.31
ex-pugnāre 12.112
expugnātiō -ōnis f 25.45
ex-quīrere 52.697; 55.403
exquīsītus -a -um 53.403
ex-sanguis -e 44.268
ex-scindere 48.91; 56.42
exsecrandus -a -um 54.586
ex-secrārī 45.325; 48.795
ex-sequī 40.152; 45.281;
  49.270
exsequiae -ārum f 45.379
ex-silīre 42.360
exsilium -ī n 45.11
ex-sistere 55.227
ex-solvere 40.178
ex-spectāre 7.2
exspectātiō -ōnis f 48.177
ex-spīrāre 43.93
ex-stimulāre 44.455
ex-stinguere -īnxisse -īnctum
  36.113; 40.115, 232; 52.582
ex-struere 36.73
exsul -is 44.108
exsulāre 44.296
exsultāre 48.788
ex-suscitāre 48.40
extemplō 40.62
ex-tendere -disse -tum/
  -tēnsum 28.49
exter -a -um 49.0
externus -a -um 42.260;
  45.365
ex-terrēre 38.84
extimus -a -um 56.119
ex-tollere 52.221
ex-torris -e 50.390
extrā prp + acc 22.7; 28.129;
  56.290
ex-trahere 45.276
extrāneus -a -um 51.200
extrēmus -a -um 38.95,163;
  40. 241; 54.292; n 52.277,318

ex-uere -uisse -ūtum **48**.662;
armīs e. **52**.542
ex-ūrere **47**.182
exustiō -ōnis *f* **56**.211
exuviae -ārum *f* **40**.180

F
faber -brī *m* **22**.20
fabricāre **37**.25
fābula -ae *f* **25**.3; **34**.44
fābulārī **31**.186
fābulōsus -a -um **56**.308
facere -iō fēcisse factum **10**. 17,
  65,69,111; **11**.27,66; **52**. 491;
  f. ut **27**.145,175
facessere **44**.396
faciēs -ēī *f* **13**.15; **36**.153;
  39.271; **42**.366
facilis -e **17**.50; **52**.584; *sup*
  -illimus **18**.102; *adv* -e **23**.53
facilitās -ātis *f* **54**.382
facinus -oris *n* **41**.184; **52**.12
factiō -ōnis *f* **36**.149
factiōsus -a -um **52**.62
factum -ī *n* **23**.78
factus -a -um **47**.132
facultās -ātis *f* **49**.111; **55**.18
fācundus -a -um **52**.584
fallāx -ācis **29**.104
fallere fefellisse falsum **21**. 115;
  32.109; **40**.11,17; **45**.398
falsus -a -um **21**.88; **31**.200;
  adv -ō **41**.114; -um habēre
  52.95
falx -cis *f* **27**.18
fāma -ae *f* **28**.38; **40**.62; f. est
  48.12
famēs -is *f* **30**.42; **46**.362
familia -ae *f* **2**.9,73; **46**.68;
  52.581; **54**.149
familiāris -is *m/f* **52**.361; *sup*
  55.12
famula -ae *f* **40**.149
famulus -ī *m* **37**.235
fānum -ī *n* **42**.252; **50**.391
fārī **20**.1
fās *n indēcl* **37**.238; **50**.87
fascis -is *m* **42**.1,7
fāstī -ōrum *m* **42**.379
fāstus -a -um **42**.323
fātālis -e **56**.51
fatērī fassum **23**.68,144;
  42.360
fatīgāre **33**.45; **52**.689
fātum -ī *n* **34**.70,180; *pl* **39**.11

faucēs -ium *f* **48**.288
faustus -a -um **42**.275
fautor -ōris *m* **44**.419,430
favēre fāvisse fautum
  34.40,148
favor -ōris *m* **46**.191
fax facis *f* **39**.288
Februārius -ī *m* **13**.2
fēlīcitās -ātis *f* **29**.160
fēlīx -īcis **29**.41,119; **39**.104
fēmina -ae *f* **2**.1
fēminīnus -a -um **2**.96
fenestra -ae *f* **5**.26
fera -ae *f* **10**.7
ferē **33**.54; **55**.250
fēriae -ārum *f* **55**.10
fēriātus -a -um **55**.100
ferīre **39**.44; **48**.722; **52**.30
fermē **44**.42
ferōcitās -ātis *f* **55**.278
ferōx -ōcis **22**.10
ferrātus -a -um **44**.51
ferre tulisse lātum **12**.34,55; **21**.
  17; **24**.(37); **27**.29; **44**.227,
  351,447; lēgem f. **51**.218
ferreus -a -um **22**.14
ferrum -ī *n* **18**.113; **43**.70
fertilis -e **27**.30
ferus -a -um **10**.2
fervēns -entis **53**.295
fervere/-ēre **40**.207
fessus -a -um **6**.61
festīnāre **40**.214; **43**.107
fēstus -a -um, diēs f. **37**.7
fētiālis -e **44**.1; *m* **44**.51
fētus -a -um **41**.227
-ficere -iō -fēcisse -fectum
  < facere
fictilis -e **49**.195
fictus -a -um **52**.121
fidēlis -e **45**.250
fidere fīsum esse **31**.55
fidēs -eī *f* **31**.56; **32**.112; **40**. 16,
  226; in -em accipere **46**.314
fidēs -ium *f* **29**.66
fidicen -inis *m* **29**.70
fidūcia -ae *f* **50**.491
fidus -a -um **31**.58
fierī factum **16**.98,143; **18**.25;
  24.49; **56**.274
figere -xisse -xum **26**.60;
  45.392
figūra -ae *f* **53**.332
fīlia -ae *f* **2**.14; *pl dat/abl* -ābus
  36.112

fīliola -ae *f* **20**.57
fīliolus -ī *m* **20**.154
fīlius -ī *m* **2**.12
filum -ī *n* **25**.72; **44**.26
fingere fīnxisse fictum **51**.71
fīnīre **29**.179; **42**.296
fīnis -is *m* **12**.69; **13**.38; **42**.300;
  pl **39**.223; **48**.110
fīnitimus -a -um **42**.21; *m pl*
  41.65
firmāmentum -ī *n* **54**.66
firmāre **44**.74,159; **50**.327
firmitūdō -inis *f* **55**.226
firmus -a -um **36**.23; **44**.136
fiscus -ī *m* **46**.429
flāgitāre **55**.365
flāgitiōsus -a -um **52**.377
flāgitium -ī *n* **52**.222
flagrāre **37**.104; **40**.2
flāmen -inis *m* **42**.330
flamma -ae *f* **36**.267; **40**.15
flāre **16**.30
flātus -ūs *m* **50**.498
flēbilis -e **43**.131
flectere -xisse -xum **32**.60,
  220; **40**.14; **45**.329
flēre -ēvisse -ētum **24**.36;
  34.209
flētus -ūs *m* **38**.169
flōrēre **47**.2
flōs -ōris *m* **19**.78
flūctus -ūs *m* **16**.33
fluere -ūxisse **11**.20; **46**.141
flūmen -inis *n* **10**.40
fluvius -ī *m* **1**.18
foculus -ī *m* **47**.177
focus -ī *m* **36**.110
foederātus -a -um **49**.50
foeditās -ātis *f* **43**.178
foedus -a -um **5**.18; **37**.171
foedus -eris *n* **42**.161
folium -ī *n* **10**.70
fōns fontis *m* **50**.174; **56**.266
forās **22**.115
fore **33**.185 v. esse
foret **39**.228; **43**.125 v. esse
forī -ōrum *m* **44**.168; **50**.335
foris -is *f* **22**.1
forīs *adv* **22**.56
fōrma -ae *f* **13**.54; **16**.157; **19**.
  137; **34**.48; **45**.227
formīdō -inis *f* **51**.289
fōrmōsus -a -um **7**.10
fōrmula -ae *f* **44**.201
forsan **39**.82

forsitan 35.119; **39**.103
fortasse 23.18
forte *adv* 25.5; **29**.151
fortis -e 12.119
fortitūdō -inis *f* **40**.290
fortuītō 49.237
fortūna -ae *f* 29.175; *pl* **44**.151
fortūnātus -a -um 39.165
forum -ī *n* 19.48
forus -ī *m* v. forī
fossa -ae *f* 12.100
fragilis -e 56.259
fragmentum -ī *n* 51.240
fragor -ōris *m* 37.223
frangere frēgisse frāctum
 24.21,33; **43**.325; **46**.391
frāter -tris *m* 12.1
fraus -audis *f* 44.252
fremere -uisse -itum 22.58
fremitus -ūs *m* 50.320
frendere 48.782
frequēns -entis 18.14,155; **48**.
 347
fretum -ī *n* 28.2
frētus -a -um 52.169
frīgēre 14.68
frīgidus -a -um 13.88
frīgus -oris *n* 27.123
frōns -ondis *f* 37.82
frōns -ontis *f* 11.8; **36**.136;
 48.473
frūctus -ūs *m* 54.130;-uī esse
 54.152
frūgēs -um *f* 27.29
fruī fruitūrum 30.23,59
frūmentārius -a -um 51.263
frūmentum -ī *n* 27.7
frūstrā 29.30
frūstrārī 44.395; **49**.41
fuga -ae *f* 26.10
fugāre 42.70
fugere -iō fūgisse 12.116; **39**.
 114; **54**.307; **55**.258
fugitīvus -a -m 31.68; *m* **48**.827
fulcīre -sisse -tum 55.318
fulgēre -sisse 37.187
fulgor -ōris *m* 56.125
fulgur -uris *n* 16.109
fulmen -inis *n* 40.16; **50**.627
fūmus -ī *m* 38.158
funda -ae *f* 48.482
fundāmentum -ī *n* 39.163
fundere fūdisse fūsum 30.114;
 42.146; **54**.616
funditor -ōris *m* 52.649

funditus 31.184; **36**.274
fundus -ī *m* 29.2
fūnestus -a -um 48.497
fungī fūnctum 44.153,286;
 45.352; vītā f. **47**.116
fūnis -is *m* 37.73
fūnus -eris *n* 39.314; **40**.239
fūr -is *m* 29.132
furca -ae *f* 51.165
furere 40.37
furor -ōris *m* 44.402
fūrtum -ī *n* 29.136
futūrum -ī *n* 20.172
futūrus -a -um 20.49;
 23.87,91; v. esse

G
gallus -ī *m* 14.19
gaudēre gavīsum esse 11.114
gaudium -ī *n* 33.59
gaza -ae *f* 50.648
gemellus -ī *m* 41.197,227
gemere -uisse -itum 37.97;
 45.396
gemināre 43.110
geminus -a -um 34.51; **41**.106;
 pl m **41**.112
gemitus -ūs *m* 37.110
gemma -ae *f* 8.1
gemmātus -a -um 8.58
gena -ae *f* 11.8
gener -ī *m* 42.337
generāre 55.374
generōsus -a -um 45.400
genetīvus -ī *m* 2.109
genetrīx -īcis *f* 36.208
geniālis -e 42.370
genitor -ōris *m* 38.209
gēns gentis *f* 32.31; **36**.209
genū -ūs *n* 21.18
genus -eris *n* 30.89; **31**.101;
 35.13,65; **39**.5; g. hominum
 33.177
gerere gessisse gestum 14.76,
 83; 21.33; **34**.48,78; **42**.85;
 48.708; rem g. **48**.102
gerundium -ī *n* 26.150
gerundīvum -ī *n* 31.208
gestāre 39.111
gignere genuisse genitum
 39.250
glaciēs -ēī *f* 13.96
gladiātor -ōris *m* 34.25
gladiātōrius -a -um 34.27
gladius -ī *m* 12.33

globōsus -a -um 56.90
globus -ī *m* 42.142; **55**.109;
 56.118
glōria -ae *f* 25.51
glōriārī 36.229; **42**.142
glōriōsus -a -um 30.94; **33**.152
gnāvus -a -um 54.166
gracilis -e 19.138
gracilitās -ātis *f* 53.330
gradī 39.95
gradus -ūs *m* 20.33; **35**.30; **44**.
 434; **55**.205
grammatica -ae *f* 1.84
grammaticus -a -um 35.0
grandaevus -a -um 45.376
grandis -e 46.471
grandō -inis *f* 40.55
grātēs *f pl* 48.628
grātia -ae *f* 32.87,122; -ā 32.90,
 190; **49**.148; -ās agere 32. 123;
 -am habēre/referre 32. 122;
 -am facere 52.645
grātificārī 48.144
grātuītus -a um 44.385
grātulārī 41.133; **43**.227
grātus -a -um 32.33,120
gravidus -a -um 27.108;
 56.304
gravis -e 12.52; 24.38; **56**.147
gravitās -ātis *f* 54.444
-gredī -gressum < gradī
gremium -ī *n* 34.72
grex -egis *m* 27.134
gubernāre 16.42
gubernātor -ōris *m* 16.43
gurges -itis *m* 38.115; **48**.335
gustāre 30.107

H
habēre 4.4; 5.3,6; 11.1,14; **13**.
 8; 19.33; **56**.63; sē h. 14.26;
 habērī 28.80; h. prō 44.251
habilis -e 48.48
habitābilis -e 56.191
habitāre 5.1; 43.151
habitus -ūs *m* 44.310; **45**.378
hāc *adv* 49.63
haerēre -sisse -sum 37.173,199
haesitāre 52.666
hasta -ae *f* 12.40
haud 26.28
haud-quāquam 48.85
haurīre -sisse -stum 16.118;
 48.335,772
hebes -etis 56.163

heia 40.209
hendeca-syllabus -ī *m* 34.279
herba -ae *f* 9.8; 18.164
hercule 55.97
hērēditārius -a -um 56.38
hērēditās -ātis *f* 49.11
hērēs -ēdis *m* 44.105; 45.106
herī 23.105
hesternus -a -um 43.238
heu 29.21
heus 22.27
hexa-meter -trī *m* 34.256
hīberna -ōrum *n* 48.70
hībernācula -ōrum *n* 52.629
hībernāre 50.29
hībernus -a -um 40.108
hic haec hoc 7.43,85,90
hīc 3.40; 5.85
hiems -mis *f* 13.80,82
hinc 23.11; 44.464; 46.2; 48.
  477
historia -ae *f* 47.168
historicus -ī *m* 46.460
ho-diē 14.26
hodiernus -a -um 42.245
holus -eris *n* 30.101
homō -inis *m* 10.5
honestās -ātis *f* 46.275
honestus -a -um 45.394;
  46.398; *n* 52.61
honor -ōris *m* 46.146 = honōs
honōrāre 44.111
honōrificus -a -um 46.242
honōs -ōris *m* 39.109; 44.244;
  52.332; 53.406
hōra -ae *f* 13.40; 22.50
horrendus -a -um 33.172
horrēre 11.98,101,129
horribilis -e 38.160
horror -ōris *m* 37.182
hortārī 33.16,167
hortus -ī *m* 5.1; *pl* 55.12
hospes -itis *m* 30.4,5
hospita -ae *f* 47.172
hospitālis -e 42.37; 45.232
hospitium -ī *n* 44.353; 45.55
hostia -ae *f* 39.107
hostīlis -e 41.116
hostis -is *m* 12.76
hūc 25.74,110; 27.4
hūmānitās -ātis *f* 54.118
hūmānus -a -um 11.1
humī *adv* 21.20
humilis -e 25.15; 44.107
humus -ī *f* 21.20

I
iacere -iō iēcisse iactum 12.
  108; 41.194; 52.128
iacēre 9.35; 11.33
iactāre 16.116; 39.38; 45.32
iactūra -ae *f* 29.33,162; 50.361
iaculārī 52.27
iaculum -ī *n* 40.280
iam 3.9; 15.31; 32.158
iambus -ī *m* 34.249
iānitor -ōris *m* 22.6
iānua -ae *f* 15.27; 22.1
Iānuārius -ī *m* 13.2
ibi 25.53
ibī-dem 36.248
īcere īcisse ictum 41.79; 43.
  73; 45.379
-icere -iō -iēcisse -iectum
  < iacere
ictus -ūs *m* 44.282
īdem eadem idem
  18.21,22,32,160
identidem 43.344
id-eō 31.110
idōneus -a -um 33.13; 47.203
īdūs -uum *f* 13.62
iecur -oris *n* 11.21
-igere -ēgisse -āctum < agere
igitur 13.23
ignārus -a -um 29.65; 38.156
ignāvia -ae *f* 52.470
ignis -is *m* 26.59
ignōbilis -e 50.386
ignōminiōsus -a -um 51.175
ignōrāre 24.50,94
ignōscere -ōvisse 31.90
ignōtus -a -um 29.68
īlicō 52.669
il-lacrimāre 50.387
ille -a -ud 8.41,70,79
illecebra -ae *f* 56.239
illīc 7.3,6
il-licere -iō -lēxisse -lectum
  52.598
illinc 23.4
illūc 25.40,110; 27.4
il-lūcēscere 43.231
il-lūdere 40.222; 49.179
il-lūstrāre 13.49; 36.312
illūstris -e 36.91
imāgō -inis *f* 22.66; 37.278;
  41.213; *pl* 52.461
imbēcillus -a -um 52.111
im-bellis -e 42.140
imber -bris *m* 13.89,90

-imere -ēmisse -ēmptum
  < emere
imitārī 26.40
im-mānis -e 55.400
immānitās -ātis *f* 55.443
im-mātūrus -a -um 27.168; 41.
  121; 43.135
im-memor -oris 50.337
im-mēnsus -a -um 41.5
im-minēre 39.160; 45.240
im-minuere 45.13
im-miscēre 40.210
im-mittere 42.187
immō 7.21,27; 39.299
im-mōbilis -e 56.153
im-molāre 37.54
im-mortālis -e 28.44
immūnis -e 44.328; 50.59
im-pār -paris 24.8; + *dat*
  53.164
im-partīre 55.222
im-patiēns -entis 31.34
impatientia -ae *f* 48.414
im-pavidus -a -um 45.401;
  48.306
impedīmentum -ī *n* 50.638
impedīre 44.186
impedītus -a -um 48.82
im-pellere 39.28; 46.446;
  48.471
im-pendēre 28.131
impēnsa -ae *f* 50.83
imperāre 4.110; 12.82; 26.40;
  36.259; 51.38
imperātīvus -ī *m* 4.111
imperātor -ōris *m* 33.19;
  36.245
imperātōrius -a -um 54.311
im-perfectus -a -um 21.157;
  45.144
imperitāre 42.264
imperītia -ae *f* 52.505
im-perītus -a -um 52.(505)
imperium -ī *n* 1.55; 10.29; 36.
  324; 48.727
im-pertīre 54.186
impetrāre 42.93
impetus -ūs *m* 12.114; 54.356
im-piger -gra -grum 18.156
im-pius -a -um 39.116
im-plēre 16.34; 41.191; 46.70
im-plicāre -uisse -itum 34.29
im-plōrāre 40.163
impluvium -ī *n* 5.27
im-pōnere 9.84; 53.217

impraesentiārum 49.111
im-primere 18.192; 36.55
im-probus -a -um 3.33
im-prōvīsus -a -um 48.300;
  ex/dē -ō 52.254,620
im-prūdēns -entis 49.39
im-pudēns -entis 54.514
impudentia -ae f 52.390
im-pudīcus -a -um 45.271
im-pugnāre 52.374
impulsus -ūs m 55.336; 56.146
impūne 42.108; i. est 45.262
impūnitās -ātis f 53.368
īmus -a -um 30.70
in prp+abl 1.1,72; 2.23; 4.3,
  60,62; 12.106; 27.43; 34.168;
  +acc 7.14,17; 12.104,108,
  113; 29.120; 34.158; 50.37,46
in-ambulāre 45.142
in-animus -a -um 56.281
inānis -e 45.410
in-audītus -a -um 54.310,421
in-calēscere -uisse 45.217
in-cautus -a -um 48.121,475;
  50.199
in-cēdere 39.194; 42.258;
  52.184
in-cendere -disse -cēnsum
  36.203; 39.272
incendium -ī n 36.41
inceptum -ī n 52.339
in-certus -a -um 17.119; 20.68
in-cidere 45.210,252
in-cīdere 38.190
in-cipere coepisse coeptum
  13.86,93; 25.62
in-citāre 37.121; 38.200
incitātus -a -um 56.167
in-clāmāre 43.104
in-clīnāre 45.243; 55.438
in-clūdere 22.102
inclutus -a -um 44.349
in-cognitus -a -um 46.227
incohāre 36.216
incohātīvus -a -um 56.330
incola -ae m 32.10
in-colere 12.62
incolumis -e 33.141; 41.51
incolumitās -ātis f 50.433
in-commodum -ī n 54.263
in-conditus -a -um 35.217; 48.
  428
in-cōnspectus -a -um 47.6
in-cōnsultus -a -um 52.427
in-crēdibilis -e 38.76

in-crepāre -uisse -itum 43.88,
  134
in-crēscere 50.321
in-cultus -a -um 52.549
in-cumbere 40.44; i. ad 54.176
in-currere 44.(14),190
in-cursiō -ōnis f 44.14
in-cūsāre 39.150; 42.44
inde 29.75; 41.153; 42.93; 44.
  10; 45.286; i. ab 41.38
in-dēclīnābilis -e 13.166
in-demnātus -a -um 43.353
index -icis m
in-dicāre 42.307
indicātīvus -ī m 4.111; 27.188
in-dīcere 43.1,16; 45.28,38
indicium -ī n 52.383
indigēre 49.14
indignārī 45.163
indignātiō -ōnis f 42.32
indignitās -ātis f 44.109
in-dignus -a -um 21.53
in-doctus -a -um 17.4
indolēs -is f 43.65
in-dūcere 36.252; 44.195
induere -uisse -ūtum 14.74;
  -ūtus 30.15
industria -ae f 39.161
industrius -a -um 17.9
indūtiae -ārum f 48.838
in-ēluctābilis -e 37.112
in-ermis -e 32.64
in-ers -rtis 45.292
inertia -ae f 52.26
in-esse 7.39,41
in-explōrātō 48.292
in-expugnābilis -e 50.639
in-exspectātus -a -um 30.6
īn-fāmis -e 46.254
īn-fandus -a -um 38.180
īnfāns -antis m/f 20.1,18
īn-fectus -a -um 50.120; 52.367
īn-fēlīx -īcis 31.43; 37.77
īnfēnsus -a -um 40.114
īnferior -ius 15.75
īnfernus -a -um 44.37
īn-ferre in-tulisse il-lātum
  41.29; sē ī. 42.153
īnferus -a -um 16.4; m pl 28.78
īnfēstāre 53.266
īn-fēstus -a -um 32.1; 42.154
īn-fīdus -a -um 31.56; 42.178
īn-fīgere 56.121
īnfimus -a -um 26.77; 36.55;
  44.419; 54.442

īnfīnītīvus -ī m 10.137
īn-fīnītus -a -um 46.(418);
  53.19; n 46.418
īnfīrmāre 43.(353); 51.152
īnfīrmātiō -ōnis f 43.353
īnfīrmitās -ātis f 53.330
īn-fīrmus -a -um 37.151
īnfitiārī 49.3
īn-flammāre 40.32
īn-flāre 54.486
īn-flectere 35.56; 55.439
īn-fluere 16.15
īn-fōrmis -e 38.119
īnfrā prp + acc 11.8; 16.3; adv
  56.134
īn-fringere -frēgisse -frāctum
  46.369
in-gemēscere -uisse 56.57
ingenium -ī n 34.54
ingēns -entis 26.62
in-grātus -a -um 54.508
in-gredī 44.33; 46.477; 51.316;
  55.158
in-hospitālis -e 56.307
in-hūmānus -a -um 27.180
in-icere 42.315,361; 43.158
in-imīcus -a -um 17.80
in-imīcus -ī m 6.44,45
inīquitās -ātis f 55.198
in-īquus -a -um 42.121;
  48.480; 52.479
in-īre 36.268; 43.62; 44.416;
  50.5; ineunte... 54.294,372
initium -ī n 13.38; -ō 19.79
in-iūria -ae f 31.98; 45.278; -ā
  42.179
iniūriōsus -a -um 54.79
in-iussū 43.241
in-iūstus -a -um 31.97
in-nocēns -entis 54.278
innocentia -ae f 54.380
in-numerābilis -e 49.264
inopia -ae f 32.19
inquam -is -it -iunt 14.40;
  34.152
in-quīrere 48.364
īn-sānābilis -e 43.257
īnsānia -ae f 37.44
īn-sānus -a -um 36.270
īn-satiābilis -e 53.132
īn-sciēns -entis 49.177
īn-scius -a -um 39.283
īn-scrībere 23.64; 36.366
īnscrīptiō -ōnis f 31.(204)
īn-sepultus -a -um 40.240

īn-sequī 40.54; 52.283
īn-sīdere 50.182; 54.35
īn-sidēre 48.404; 50.325
īnsidiae -ārum *f* 39.300; 41.
  112; 42.193; 45.105
īnsidiārī 49.118
īnsidiātor -ōris *m* 52.421
īnsigne -is *n* 42.1,6; 54.46
īnsignis -e 46.476; 51.79
īn-sistere 56.192
īn-solēns -entis 45.43
īn-solentia -ae *f* 55.416
īn-solitus -a -um 54.486
īn-sōns -ontis 45.54; 48.494
īn-spērātus -a -um 42.182
īn-spicere 37.34,40
īn-stāre 39.184; 45.366
īnstaurāre 37.213
īnstīgāre 44.398
īnstīnctus -a -um 44.402
īn-stituere -uisse -ūtum 41.158,
  161; 44.139; 48.113; 53.286
īnstitūtum -ī *n* 44.12
īn-struere 33.14; 50.374,600;
  54.189
īnstrūmentum -ī *n* 27.13;
  51.39, 194
īn-suēscere 52.72
īnsula -ae *f* 1.27
īn-super 48.204; ī. habēre 47.
  186
in-tāctus -a -um 43.110
integer -gra -grum 23.20; 36.274;
  43.96; 56.302; dē -ō 42.304
intel-legere -lēxisse -lēctum
  18.46; 20.51
in-tendere -disse -tum 52.251,
  667
intentiō -ōnis *f* 43.347
intentus -a -um 39.304
inter *prp* + *acc* 6.3; 9.54; 16.55;
  21.112; inter sē 22.14; 30.152
inter-cēdere 50.274
inter-clūdere 43.217
inter-diū 38.55
inter-dum 34.233
intereā 32.60
inter-esse 16.1; 22.46; 34.14;
  + *dat* 43.18; -est 56.214
inter-ficere 25.10
inter-icere: -iectus 36.188;
  44.221; 45.230; 55.198
interiectiō -ōnis *f* 35.6,215
interim 21.63
inter-imere 41.86

interior -ius 36.311; 37.143
inter-īre 41.180
interitus -ūs *m* 55.302
inter-mittere 50.230
interniciō -ōnis *f* 53.6
internus -a -um 32.43
inter-pellāre 17.22
inter-pōnere 48.454; 50.662
inter-rēgnum -ī *n* 42.254,266
inter-rēx -rēgis *m* 42.264
inter-rogāre 3.24,26
inter-rumpere 56.182
inter-vāllum -ī *n* 43.102
inter-venīre 44.171,422
interventus -ūs *m* 55.50
intrā 22.9; 27.94
intrāre 6.76,88; 10.52; 11.57
intrō-dūcere 48.95
intro-īre 50.469
in-tuērī -itum 16.79
intus 24.39
in-ultus -a -um 37.214
in-ūtilis -e 37.155
in-vādere 42.86
in-validus -a -um 31.131
in-vehere 27.39; 43.308; -ī in 45.34
in-venīre 26.20; 37.199; 54.
  420; 55.390
inventiō -ōnis *f* 43.337
in-vestīgāre 55.52
in-veterāscere -āvisse 54.35
in-vicem 46.19
in-victus -a -um 40.26; 46.327
in-vidēre 29.80,181; 40.79
invidia -ae *f* 29.163; 45.73
in-violātus -a -um 48.192
in-vīsere 45.215
invīsus -a -um 45.11; 55.441
invītāre 38.100
invītus -a -um 43.23
in-vius -a -um 50.293
in-vocāre 16.105
iocōsus -a -um 34.142
ipse -a -um 9.55; 10.20; 18.
  38; 20.31; 28.101; 34.94
īra -ae *f* 35.191; 37.169
īrāscī 54.395
īrātus -a -um *f* 3.6
īre iisse itum 6.20; 16.72; 22.
  50; in sententiam ī. 44.50
irrītāre 48.132
ir-ritus -a -um 51.53
ir-ruere 48.475
ir-rumpere 42.206; 51.47
irruptiō -ōnis *f* 54.139

is ea id 4.77; 5.7,33; 8.138
iste -a -ud 22.86,103
ita 18.43; 19.97; 27.128
ita-que 6.41
item 13.31,77; 26.47
iter itineris *n* 30.25; 33.10;
  46.383
iterāre 42.134
iterum 16.142; i. i.que 24.1
iubēre iussisse iussum 11.45
iūcundus -a -um 30.37; 55.77
iūdex -icis *m* 43.154
iūdicāre 39.10; 43.141,
  144,163
iūdicātiō -ōnis *f* 43.355
iūdicium -ī *n* 39.9; 43.142,162
iugālis -e 40.181
iūgerum -ī *n* 46.81
iugulāre 45.244
iugulum -ī *n* 43.114
iugum -ī *n* 46.196; 50.151; 55.
  422
Iūlius -ī *m* 13.4
iūmentum -ī *n* 44.444
iungere iūnxisse iūnctum
  18.26; 41.40
iūnior -ōris 44.320
Iūnius -ī *m* 13.4
iūrāre 45.278; 50.378
iūs iūris *n* 31.104; 35.198; 42.
  283; 43.140; 44.23; *pl* 42.4; i.
  dīcere 36.72; iūre 32.46; i.
  iūrandum 47.194,205; 48.1,
  16; i. gentium 48.155
iussū 41.119
iussum -ī *n* 40.152
iūsta -ōrum *n* 52.125
iūstitia -ae *f* 37.3
iūstus -a -um 31.97,119; 42.
  208; 48.229
iuvāre iūvisse iūtum 26.27,32;
  34.37
iuvenālis -e 45.228
iuvencus -ī *m* 38.104
iuvenīlis -e 53.303
iuvenis -is *m* 31.71
iuventa -ae *f* 45.214
iuventūs -ūtis *f* 37.16; 42.41
iūxtā *prp* + *acc* 24.13; 47.59,
  adv 161; 52.497

K
kal. 33.50 = kalendae
kalendae -ārum *f* 13.57
kalendārium -ī *n* 13.(0)

L

labefactāre 55.274
lābēs -is *f* 51.153
lābī lāpsum 16.85,139; 37.85
labor -ōris *m* 27.62; 38.35
labōrāre 27.61,112; 43.343;
46.115; 48.322
labōriōsus -a -um 48.264
labrum -ī *n* 11.10
labyrinthus -ī *m* 25.27
lac lactis *n* 20.9
lacerāre 43.264
lacertus -ī *m* 26.60
lacessere -īvisse -ītum 54.4
lacrima -ae *f* 7.7
lacrimābilis -e 54.586
lacrimāre 7.6
lacrimōsus -a -um 41.203
lacteus -a -um 56.103
lacus -ūs *m* 13.96
laedere -sisse -sum 34.13
laetārī 16.73
laetitia -ae *f* 29.45
laetus -a -um 3.3
laeva -ae *f* 37.175,223
laevus -a -um 24.6
lambere 41.102; 56.309
lāmentātiō -ōnis *f* 43.345
lāna -ae *f* 27.34; 45.221
lancea -ae *f* 48.330
laniāre 42.367
lapideus -a -um 44.170
lapis -idis *m* 38.159; 48.715
laqueus -ī *m* 43.158
largīrī 17.133; 45.135
largītiō -ōnis *f* 52.211
largītor -ōris *m* 52.586
largus -a -um 17.132
lascīvia -ae *f* 51.290
latebra -ae *f* 54.42
later -eris *m* 36.227
latēre 31.67
latericius -a -um 36.230
Latīnus -a -um 1.69; 18.100
lātrāre 9.42
latrō -ōnis *m* 41.109
latrōcinium -ī *n* 52.605
latus -eris *n* 24.3; 33.122; *pl*
53.333
lātus -a -um 12.104
laudāre 17.42; 19.23
laureātus -a -um 50.333
laurus -ī *f* 36.312
laus laudis *f* 23.48; 39.177
lavāre lāvisse lautum/lavātum

14.45; lavātum īre 22.52
laxāre 56.101
lectīca -ae *f* 6.21
lectulus -ī *m* 15.116
lectus -ī *m* 10.125; 30.69
lēctus -a -um 53.90
lēgāre 41.84; 44.28
lēgātiō -ōnis *f* 42.26
lēgātus -ī *m* 33.148; 46.204
legere lēgisse lēctum 18.37;
41.87; 48.544; 54.296
legiō -ōnis *f* 33.1; 43.200
legiōnārius -a -um 33.7,139
lēgitimus -a -um 44.451
lembus -ī *m* 50.413
lēnīre 45.203
lēnis -e 53.376
lentus -a -um 42.64
leō -ōnis *m* 10.1
levāre 26.69
levis -e 12.56; 33.138
lēx lēgis *f* 31.105; 43.74
lībāre 39.293
libellus -ī *m* 28.47
libēns -entis 48.608
libenter 34.82
liber -brī *m* 2.81
līber -era -erum 26.38,82
līberāre 30.118; 32.6; 46.192
līberātor -ōris *m* 43.173;
45.181
līberē 34.35
līberī -ōrum *m* 2.21
lībertās -ātis *f* 26.89
lībertīnus -ī *m* 30.117
libīdō -inis *f* 45.226
lībra -ae *f* 13.(0); 47.132
licentia -ae *f* 44.429
licēre -uisse/-itum esse 15.116;
16.83
līctor -ōris *m* 42.7; 52.144
ligāre 43.262
-ligere -lēgisse -lēctum
< legere
ligneus -a -um 22.20
lignum -ī *n* 22.18
līlium -ī *n* 5.13
līmen -inis *n* 22.2
līmes -itis *m* 56.247
līmus -ī *m* 41.225
līnea -ae *f* 8.8; 18.53
lingua -ae *f* 11.10; 18.4
linquere līquisse lictum 38.72
linter -tris *m* 41.207
līs lītis *f* 50.288

littera -ae *f* 1.66; *pl* 23.15;
33.29
lītus -oris *n* 25.101
lituus -ī *m* 42.294,381
loca -ōrum *n* 27.30
locāre 36.78
locātīvus -ī *m* 6.120
locuplēs -ētis 53.281
locuplētāre 55.320
locus -ī *m* 16.15,159; 20.13;
36.354; 44.106; 48.642
longē 31.117; 33.66;
42.140,225
longinquitās -ātis *f* 54.240
longinquus -a -um 38.44
longitūdō -inis *f* 36.254
longus -a -um 6.10; 13.9,25;
17.29; nāvis -a 32.198
loquī locūtum 16.96
lūcēre -xisse 9.29
lucerna -ae *f* 34.84
lucrum -ī *n* 29.15
luctārī 35.81
lūctus -ūs *m* 37.124
lūcus -ī *m* 38.81
lūdere -sisse -sum 10.75; 33.26
lūdibrium -ī *n* 45.183; 50.661
lūdicra, ars l. 50.591
lūdicrum -ī *n* 42.43
lūdus -ī *m* 15.2; 34.15; 53.210;
pl 34.35
lūgēre -xisse 34.42; 43.137,356
lūgubris -e 48.852
lūmen -inis *n* 37.220
lūna -ae *f* 13.46
lūnāris -e 56.153
lupa -ae *f* 41.99
lupus -ī *m* 9.22
lūstrāre 39.173; 44.337;
56.131
lūstrum -ī *n* 44.338
lūx lūcis *f* 13.47; 33.114; 34.
116; 37.212
luxuria -ae *f* 51.193
luxuriārī 48.692
luxus -ūs *m* 40.69

M

māceria -ae *f* 50.419
māchina -ae *f* 37.48
māchinārī 45.51
macte 48.500
macula -ae *f* 54.34; 56.181
maculāre 55.413
maerēre 25.112

maeror -ōris *m* **48**.214
maestitia -ae *f* **43**.274
maestus -a -um **29**.19
magis 20.60; **35**.209; **39**.210
magister -trī *m* **15**.4; m.
  equitum **46**.45
magistrātus -ūs *m* **45**.304;
  48.38
magnificentia -ae *f* **45**.202
magnificus -a -um **19**.52;
  -centior -issimus **36**.19,44
magnitūdō -inis *f* **36**.354
magnus -a -um **1**.22,29,65
māior -ius *comp* **19**.36,57; m.
  nātū **44**.39
māiōrēs -um *m* **50**.32
Māius -ī *m* **13**.3
male 11.15; **34**.100,103
male-dīcere 44.414
maleficium -ī *n* **29**.113
malitia -ae *f* **52**.301
mālle māluisse **28**.151,156
malum -ī *n* **15**.93; **16**.101;
  30.47
mālum -ī *n* **7**.41
malus -a -um **6**.39; **11**.14
mamma -ae *f* **3**.19; **20**.29
mānāre 45.276; **56**.183
mandāre 40.72; **42**.341
mandātum -ī *n* **40**.80
māne *n indēcl* **13**.36; *adv*
  14.55; **55**.17
manēre mānsisse **20**.66
Mānēs -ium *m* **38**.82
manifēstus -a -um **45**.70
manipulus -ī *m* **45**.86
mānsuētūdō -inis *f* **54**.118
manus -ūs *f* **11**.3; **37**.12; **45**.
  154; **52**.15
mare -is *n* **10**.35
margarīta -ae *f* **8**.1
maritimus -a -um **16**.13;
  48.226
marītus -ī *m* **19**.2
marmor -oris *n* **36**.46
marmoreus -a -um **36**.142
Mārtius -ī *m* **13**.3
masculīnus -a -um **2**.95
māter -tris *f* **2**.10,11; **12**.2; m.
  familiās **19**.17
māteria -ae *f* **18**.109; **43**.9,67
māternus -a -um **44**.115
mātrimōnium -ī *n* **41**.21
mātrōna -ae *f* **19**.18
mātrōnālis -e **45**.389

mātūrāre 45.251; **52**.295
mātūrē 52.423,434
mātūritās -ātis *f* **53**.387
mātūrus -a -um **27**.17; **37**.17;
  48.547
mausōlēum -ī *n* **36**.238
māximē 26.126,134; **36**.27
māximus -a -um *sup* **19**.36
mē v. ego
mecastor 47.204
mē-cum 14.87 v. ego
medērī 54.264
medicus -ī *m* **11**.26
mediocris -e **52**.63
meditārī 52.444
meditātiō -ōnis *f* **53**.305
medius -a -um **8**.120; **13**.41;
  16. 42; *n* **30**.70
meherc(u)le 47.204; **52**.507
mel mellis *n* **30**.132
melior -ius *comp* **19**.25
melius *adv* **42**.158
mellītus -a -um **34**.93
membrum -ī *n* **11**.1
mementō 40.294
mē-met 40.232
meminisse 32.107,126
memor -is **39**.7; **43**.58; **44**.19
memorābilis -e **48**.3
memorāre 28.55; **52**.333
memoria -ae *f* **31**.19; **37**.5; **47**.
  170; post hominum -am
  31.114; -ae trādere/mandāre
  47.42,65
mendum -ī *n* **18**.102
mēns mentis *f* **34**.110
mēnsa -ae *f* **4**.60; **8**.89; **29**.169;
  m. secunda **30**.102
mēnsis -is *m* **13**.1
mentiō -ōnis *f* **35**.210; **45**.211;
  48.246
mentīrī 21.88
mercārī 47.187
mercātor -ōris *m* **10**.28
mercātōrius -a -um **32**.44
mercātūra -ae *f* **50**.412
mercātus -ūs *m* **50**.51
mercēs -ēdis *f* **18**.182; **27**.72
merēre/-rī 23.45,49; **40**.197;
  stipendia m. **33**.35; **48**.60;
  bene m. dē **40**.111,123
mergere -sisse -sum **14**.50;
  pass **16**.35
merī-diēs -ēī *m* **13**.42; **16**.48
meritum -ī *n* **46**.171

meritus -a -um **37**.68
merus -a -um **30**.115; *n* **30**. 117
merx -cis *f* **16**.23
-met: ego- **38**.182; mē- **40**.232;
  sē- **48**.203; vōs- **39**.86; mea-
  52.478
metallum -ī *n* **36**.54
mētārī 49.268
metere — messum **27**.8
mētīrī mēnsum **48**.631; **56**.220
metuere -uisse **12**.83
metus -ūs *m* **12**.120; **43**.117
meus -a -um **2**.66; *voc* mī **19**.94
micāre 37.251
mihi/mī *dat* v. ego
migrāre 42.96
mīles -itis *m* **12**.31
mīlia -ium *n* **12**.97; **50**.547
mīliārium -ī *n* **46**.60
mīlitāre 12.90
mīlitāris -e **33**.23; **50**.162
mīlitia -ae *f* **43**.321; -ae *loc*
  42.222
mīlle 1.73; *pl* mīlia -ium *n*
  12.97
minae -ārum *f* **45**.49
minārī 32.172; **40**.27
minimē 20.81; **31**.27
minimum *adv* **52**.31
minimus -a -um *sup* **19**.37
minister -trī *m* **30**.67; **41**.203
ministerium -ī *n* **50**.429
ministra -ae *f* **39**.277
minitārī 54.487
minor -us *comp* **19**.36,56
minuere -uisse -ūtum **19**.91
minus *adv* **19**.133; **20**.26; sī m.
  51.15
minus -ōris *n* **19**.149
mīrābilis -e **25**.35
mīrābundus -a -um **50**.66
mīrāculum -ī *n* **42**.317
mīrārī 24.7,16
mīrus -a -um **29**.18,98; **45**.211
miscēre -uisse -xtum **30**.115,
  132; **37**.143
misellus -a -um **34**.7
miser -a -um **19**.69; **29**.27
miserābilis -e **43**.283
miserārī 39.241
miserātiō -ōnis *f* **50**.393
miserērī 40.112
miseria -ae *f* **45**.311
misericordia -ae *f* **54**.249
missile -is *n* **48**.117

mītigāre 42.47
mītis -e 41.100
mittere mīsisse missum 19.79;
27.170; 33.17; 45.173
moderārī 53.299
moderātiō -ōnis f 53.340; 54.
505
moderātor -ōris m 56.129
moderātus -a -um 51.319
modestia -ae f 51.305
modestus -a -um 51.286
modicus -a -um 42.191
modius -ī m 46.439
modo 11.37,55; 27.172; m. ...
m. 34.38
modus -ī m 9.90; 14.37;
29.120; 35.61; 46.160;
51.229,305; nūllō -ō 21.56;
huius/eius -ī 52.5; 55.40
moenia -ium n 25.11
mōlēs -is f 37.35; 39.13; 42.28;
48.578
molestus -a -um 30.37; -ē patī
/ferre 41.28,152
mōlīrī 52.135
mollīre 26.60; 42.52
mollis -e 18.109
mōmentum -ī n 48.210
monēre 22.61; 23.30,42; m.
ut 27.147
monitus -ūs m 42.318
mōns montis m 9.19
mōnstrāre 8.43
mōnstrum -ī n 25.18
monumentum -ī n 36.220,238;
40.182; 42.130
mora -ae f 25.82; 37.228; 40.ll
162; nec m. 45.392
morārī 38.145
morbus -ī m 36.308
mordēre momordisse morsum
22.58
morī mortuum 28.45;
moritūrus 37.118
moribundus -a -um 40.115
mors -rtis f 25.41
mortālis -e 28.45; 41.47; pl m
41.13
mortuus -a -um 10.49; v. morī
mōs mōris m 31.135; 51.321
mōtus -ūs m 43.90; 45.297,300;
m. terrae 48.316
movēre mōvisse mōtum 10.14;
27.109; 34.155; 42.357; 47.
133; 48.596; bellum/arma m.

45.93; 48.65
mox 20.35
mūgīre 41.177
muliebris -e 41.64
mulier -is f 20.13
multāre 55.420
multī -ae -a 1.44
multitūdō -inis f 26.91
multō + comp 16.72; 42.99
multum adv 28.6
multum -ī n 14.100; ad m. diēī
48.544
multus -a -um 37.166; in/ad
-am noctem 56.17,22
mundus -ī m 28.82
mundus -a -um 21.4
mūnīmentum -ī n 48.511
mūnīre 33.21; 36.193; 44.293
mūnītiō -ōnis f 44.74
mūnītus -a -um 52.391
mūnus -eris n 31.32; 44.286;
55.137
murmur -is n 50.319
mūrus -ī m 6.14; 25.30
mūs mūris m 46.(263)
Mūsa -ae f 35.17
mūtābilis -e 40.209
mūtāre 21.57,112; 23.35, 117
mūtātiō -ōnis f 50.493
mūtus -a -um 28.31
mūtuus -a -um 32.145,146

N
nam 6.38
-nam 23.6
nam-que 31.135
nancīscī nactum 55.22,24
nāre 39.46
nārrāre 21.56; 23.70
nārrātiō -ōnis f 25.129
nāscī nātum 28.22,45; 33.177
nāsus -ī m 5.18
nāta -ae f 42.392
natāre 10.11
nātiō -ōnis f 49.6
nātū 44.39; 47.74
nātūra -ae f 26.46; 36.25
nātūrālis -e 47.60; 56.51
nātus -a -um 28.22; 33.24; 37.
91; 48.282; v. nāscī
nātus -ī m 37.230
naufragium -ī n 46.364
nauta -ae m 16.28
nauticus -a -um 49.212
nāvālia -ium n 50.376

nāvālis -e 46.357
nāvicula -ae f 28.94
nāviculārius -ī m 54.78
nāvigāre 16.9,27
nāvigātiō -ōnis f 29.48
nāvis -is f 16.9
-ne 1.11
nē 27.139; 29.73; 32.162,179,
212; nē... quidem 27.55; nē
multa 56.55
nebula -ae f 39.153
nec 11.54 v. ne-que
necāre 25.50
nec-dum/neque-dum 48.100
necessārius -a -um 20.5; adv
-ō 52.274
necessārius -ī m 52.633
necesse esse 10.58
necessitās -ātis f 41.121
nectere -xuisse -xum 40.82
ne-fandus -a -um 42.155
ne-fās indēcl n 40.106
ne-fāstus -a -um 42.323
negāre 23.66,139; 31.199;
42.372
negitāre 52.689
neglegēns -entis 27.144
neglegere -ēxisse -ēctum 27.
101,104; 43.155
negōtiārī 54.167
negōtiātor -ōris m 52.353
negōtium -ī n 27.11,66; 52.36
nēmō -inem -inī 10.44; 20.60;
23.28; 28.126
nepōs -ōtis m 37.200
nēquam adi indēcl 27.151; sup
nēquissimus 29.133
nē-quāquam 43.97
ne-que/nec 3.42; 5.41; 11.54;
n. ...n. 7.57; n. enim 10.110;
n. vērō 16.138
nē-quīquam 37.173
ne-quīre 48.388
nervus -ī m 51.80; 54.163;
56.159
nescio-quis 41.214
ne-scīre 17.4; 18.37,87
neu 32.77 v. nē-ve
neuter -tra -trum 14.9
neutrum -ī n 2.97
nē-ve/neu 27.140; 32.77; n. ...
n. 48.830
nex necis f 25.88
nī 50.197
nīdus -ī m 10.69

niger -gra -grum **9**.2
nihil/nīl 14.101; **34**.174; *adv*
 43.212
nihilō 47.187; **48**.23; n. minus
 /sētius **49**.124
nimbus -ī *m* **38**.50
nī-mīrum 38.150
nimis 8.98
nimium 31.178; *adv* **40**.260
nimius -a -um **31**.82
nisi 15.93; **26**.46; **33**.82,164
nītī nīsum **48**.35; n. in **56**.54
niveus -a -um **34**.188
nix nivis *f* **13**.89,91
nōbilis -e **29**.66
nōbilitāre 47.88
nōbilitās -ātis *f* **41**.17; **46**.316
nōbīs nōbīs-cum v. nōs
nocēre 27.123; **32**.72
noctū 38.30
nocturnus -a -um **42**.317
nōdus -ī *m* **56**.158
nōlī -īte **20**.69,160
nōlle nōluisse **20**.17,141
nōmen -inis *n* **12**.3; **13**.2; **35**.8;
 42.62; **44**.212; n. dare **45**.320
nōmināre 13.17
nōminātīvus -ī *m* **3**.88
nōn 1.5
nōnae -ārum *f* **13**.69
nōnāgēsimus -a -um **31**.175
nōnāgintā 8.93
nōn-dum 15.13
nōn-gentī -ae -a **17**.33
nōn-ne 7.26
nōn-nihil 49.248
nōn-nūllī -ae -a **29**.9
nōn-numquam 29.121
nōnus -a -um **13**.5
nōs nōbīs **15**.55,119; **20**.136;
 21.91; **34**.166; nōbīs-cum
 29.40
nōscere nōvisse **24**.50,58,60,94
nōscitāre 48.325
noster -tra -trum **11**.131; **34**.
 152,163
nostrum *gen* **29**.38,39
nota -ae *f* **34**.230; **47**.131
notāre 42.356; **53**.365
nōtus -a -um **29**.64
Notus -ī *m* **38**.61
novellus -a -um **42**.363
novem 4.10
November -bris *m* **13**.5
novissimē 52.96

novissimus -a -um **40**.253
novitās -ātis *f* **44**.131; **52**.470
novus -a -um **2**.81,90; **13**.52,
 59; **29**.98; (homō) n. **52**.61
nox -ctis *f* **13**.37
noxa -ae *f* **45**.266
noxius -a -um **51**.314
nūbere -psisse -ptum **34**.126;
 44.372; nūptum dare **45**.24
nūbēs -is *f* **9**.25
nūbilus -a -um **32**.56,105
nūdāre 39.121; **48**.207
nūdus -a -um **14**.69; **43**.214
nūgae -ārum *f* **31**.198
nūllus -a -um **4**.45,64
num 1.49; **29**.106
nūmen -inis *n* **37**.268
numerāre 4.9; **32**.104
numerōsus -a -um **53**.34
numerus -ī *m* **1**.63; **2**.43;
 35.19; **36**.125
nummus -ī *m* **4**.6; **8**.59
numquam 17.63
nunc 13.22
nūncupāre 55.308
nūntia -ae *f* **44**.125
nūntiāre 30.29,86
nūntius -ī *m* **10**.30; **32**.33
nūper 22.101
nūpta -ae *f* **45**.355
nūptiae -ārum *f* **44**.381
nurus -ūs *f* **44**.102
nusquam 41.48
nūtrīre 41.230
nūtrīx -īcis *f* **20**.14
nūtus -ūs *m* **56**.138
nux nucis *f* **30**.102
Nympha -ae *f* **39**.25

O
ō **3**.32
ob *prp* + *acc* **23**.36; **43**.86
ob-dūcere 49.90
ob-equitāre 48.718
ob-icere 43.113; **48**.289
ob-iectāre 52.45
ob-īre 45.134; mortem o.
 47.45; sōl obiēns **56**.203
obitus -ūs *m* **49**.44
ob-ligāre 48.245
oblīquus -a -um **56**.184; ōrātiō
 -a **50**.686
oblīviō -ōnis *f* **54**.55
oblīvīscī -lītum **25**.118,137
ob-mūtēscere -uisse **40**.95

ob-nūbere 43.146
ob-oedīre 28.16
ob-orīrī 45.257
ob-rēpere 47.90
ob-rigēscere -uisse **56**.190
ob-ruere -ruisse -rutum
 48.507,578; **51**.91
obscūrāre 55.330
obscūrus -a -um **13**.51;
 47.200; **50**.514
ob-secundāre 54.513
ob-sequī 46.45; **55**.322
ob-servāre 52.118
obses -idis *m* **48**.834
ob-sidēre 45.206
obsidiō -ōnis *f* **47**.90
ob-sistere 48.117
ob-stāre 40.164; **48**.332
obstinātus -a -um **45**.242,246
ob-struere 51.104
ob-stupēscere -uisse **39**.249
ob-surdēscere -uisse **56**.162
ob-temperāre 54.512
ob-testārī 52.103
ob-tinēre 46.250,290
ob-trectāre 47.163; **54**.208
obtrectātiō -ōnis *f* **48**.787
ob-truncāre 37.208
obtūnsus -a -um **39**.221
ob-venīre 52.358
ob-viam 39.97; **51**.315
obvius -a -um **42**.246; **48**.346
occāsiō -ōnis *f* **42**.66
occāsus -ūs *m* **38**.133
occidēns -entis *m* **16**.46
oc-cidere 16.47; **39**.36; **44**.451
oc-cīdere 25.67
occultāre 10.89; **19**.66
occultus -a -um **37**.52,141
occupāre 43.284; **44**.418;
 49.78; -ātus **45**.275; **55**.21
oc-currere 20.104
oc-cursāre 52.154
ōceanus -ī *m* **1**.53
ocellus -ī *m* **34**.105
ōcissimē *sup* **52**.336; ōcius
 comp **56**.289
octāvus -a -um **13**.4
octiēs 56.49
octin-gentī -ae -a **17**.33
octō 4.10
October -bris *m* **13**.5
octōgēsimus -a -um **51**.81
octōgintā 8.65
oculus -ī *m* **7**.6

ōdisse 31.94
odium -ī n 34.136
odor -ōris m 36.155
of-fendere -disse -ēnsum 56.44
offēnsa -ae f 51.228
offēnsiō -ōnis f 54.262
of-ferre ob-tulisse ob-lātum
  32.92; 39.170; 48.369; sē o.
  37.187
officium -ī n 20.84
ōlim 25.25; 39.6
ōmen -inis n 50.325
o-mittere 45.0; 48.246,478
omnīnō 40.120; 46.72
omnis -e 14.115; 23.58; 26.55;
  pl m 19.22, n 21.95
onerāre 39.127; 52.146
onus -eris n 37.234
opācus -a -um 41.225
opem -is -e f 41.216,217; 43.304
opera -ae f 34.8,104; 43.124;
  48.140; -am dare 49.21;
  53.320
operārius -ī m 45.162
operīre -uisse -rtum 13.91
opēs -um f 34.208; 41.39;
  48.21
opifex -icis m 45.313
opīmus -a -um 54.129; spolia
  -a 42.75
opīnārī 54.206
opīniō -ōnis f 54.234
oportēre 17.111,115
op-perīrī -rtum 16.29
oppidānī -ōrum m 48.74
oppidum -ī n 1.33
op-plēre 48.493
op-pōnere 42.205
opportūnitās -ātis f 54.531
opportūnus -a -um 52.253
op-primere 41.166; 45.236
op-pugnāre 12.78,107
oppugnātiō -ōnis f 48.124
optāre 31.22
optātīvus -a -um m 35.62
optimātēs -ium m 51.239
optimus -a -um sup 19.29
opulentia -ae f 50.598
opulentus -a -um 41.37
opus -eris n 26.54; 27.59; 36.
  25,205; pl 48.123
opus esse 19.149; +abl 32.78;
  45.251; +gen 48.537
ōra -ae f 16.19,21; 39.105
ōrāculum -ī n 45.168; 47.174

ōrāre 27.92
ōrātiō -ōnis f 35.2; 36.92
ōrātor -ōris m 36.87; 44.202
ōrātōrius -a -um 43.338
ōrātrīx -īcis f 55.309
orbis -is m 26.37,128; 56.117;
  o. (terrārum) 26.103; 36.353
orbitās -ātis f 45.309
orbus -a -um 41.218; 42.159
ōrdināre 35.157; 53.62,103
ōrdīrī ōrsum 39.203
ōrdō -inis m 33.11; 35.109; ō.
  (equester) 51.219; 54.164;
  (ex) -e 39.173,294
oriēns -entis m 16.45; 28.24
orientālis -e 47.113
orīgō -inis f 36.356,365; 42.172
orīrī ortum 16.45,97; 36.210;
  37.132
ōrnāmentum -ī n 8.7; 51.133;
  53.312; 54.28
ōrnāre 8.23; 25.57; 40.100;
  54.189
ōrnātus -a -um 53.376; 54.160
ortus -ūs m 38.163
os ossis n 24.33; pl 36.239
ōs ōris n 11.6; 16.14; 39.120;
  ūnō -e 17.37; 32.23
ōscitāre 34.165
ōsculārī 19.89
ōsculum -ī n 7.62
os-tendere -disse 8.47; 41.135
ostentāre 40.40
ōstiārius -ī m 7.33
ōstium -ī n 5.25; 16.13
ōtiōsus -a -um 33.168,169
ōtium -ī n 27.66; 43.9
ovāre 40.193
ovis -is f 9.3
ōvum -ī n 10.71

P
pābulārī 51.209
pābulum -ī n 27.33
pācāre 50.93
pacīscī pactum 52.348
pactō, quō p. 44.40
paelex -icis f 51.71
paene 26.29
paen-īnsula -ae f 26.98
paenitēre 39.212; + gen
  40.284; 56. 113
pāgina -ae f 2.85
palam 43.189; p. facere 49.150
pālārī 48.552

pallēre 23.36
pallēscere -uisse 38.84
pallidus -a -um 23.35
pallium -ī n 22.73
palma -ae f 34.33; 45.364
palpitāre 11.98
palūdāmentum -ī n 43.130
palūs -ūdis f 36.60
pālus -ī m 48.722
pandere -disse passum 37.127;
  48.294
pānis -is m 9.11
papae! 35.232
papāver -is m 45.142
papȳrus -ī f 18.163
pār paris 24.7; +dat 42.22;
  54.308
parāre 30.67; 37.273; 39.125;
  40.47; 52.108,390
parātus -a -um 25.69,94
parcere pepercisse -rsum
  29.83,84; 44.377
parēns -entis m/f 38.40; 40.
  138; parentēs -um m 14.89
parere -iō peperisse partum
  10.77; 42.311; 43.172
pārēre 4.110; + dat 12.76
pariēs -etis m 55.93
pariter 37.247; p. cum 52.661
parricīda -ae m 31.110
parricīdium -ī n 44.385
pars -rtis f 12.64; 16.45,92;
  48.144; magnā ex -e 48.466
particeps -ipis 55.201
participium -ī n 14.148; 35.128
partim 52.165
partīrī 17.144; 39.73
parturīre 48.247
partus -ūs m 41.88,199
parum 27.40; 29.103; 45.206;
  50.287
parum-per 55.107
parvulus -a -um 20.1
parvus -a -um 1.23,64; 2.6
pāscere pāvisse pāstum 27.32;
  34.67
passer -is m 34.86
passim 43.286
passīvus -a -um 6.128
passus -ūs m 12.93
pāstiō -ōnis f 54.130
pāstor -ōris m 9.1
pate-facere 37.84; 39.122
pate-fierī 52.384
patēns -entis 48.112

pater -tris *m* 2.9,10; 12.2; p.
   familiās 19.38; *pl* 42.17,225
patera -ae *f* 38.139
patēre 25.32; 26.36; 36.9; 45.
   151; 51.100; -et 56.279
paternus -a -um 44.448
patēscere -uisse 48.284
patī passum 24.37; 38.185;
   48.504; molestē p. 41.28
patiēns -entis 27.91
patientia -ae *f* 27.91
patrāre 52.172
patria -ae *f* 12.70
patricius -a -um 52.581; *m pl*
   36.150; 42.18
patrimōnium -ī *n* 46.13
patrius -a -um 37.189
patrōcinium -ī *n* 53.293;
   55.388
patrōnus -ī *m* 53.292
patruus -ī *m* 41.200
paucī -ae -a 1.47
paucitās -ātis *f* 45.14
paulātim 39.284
paulis-per 30.49
paulō *adv* 16.91,123,148
paululum 55.62
paulum 16.8,108
pauper -is 19.62
pavēre 45.383
pavidus -a -um 37.145
pavor -ōris *m* 37.67; 48.332
pāx pācis *f* 33.147
peccāre 45.267
peccātum -ī *f* 45.270
pectus -oris *n* 11.18; 20.9; 40.4
pecua -um *n* 54.139
peculātus -ūs *m* 50.271
pecūlium -ī *n* 28.160
pecūnia -ae *f* 4.3
pecūniōsus -a -um 8.20
pecus -oris *n* 27.33
pecus -udis *f* 36.178; 38.194
pedes -itis *m* 12.42
pedester -tris -tre 44.329
pēior -ius *comp* 19.13
pellere pepulisse pulsum 22.85
-pellere -pulisse -pulsum
Penātēs -ium *m* 37.97; 44.448
pendere pependisse pēnsum
   49.144
pendēre pependisse 39.288
penes 45.223
penetrālia -ium *n* 45.348
penetrāre 37.52

penitus 37.76; 44.257
penna -ae *f* 26.59
pēnsāre 48.536
pēnsiō -ōnis *f* 48.833
pēnsitāre 54.145
pēnsum -ī *n* 1.107
penta-meter -trī *m* 34.268
pēnūria -ae *f* 52.303
per *prp* + *acc* 6.76; 7.69; 9.59;
   21.6; 24.18; 27.108; 31.10;
   33.95,159; p. sē 18.23; 25.71
per-agere 40.184; 44.35
per-agrāre 49.266
per-angustus -a -um 48.284
per-blandus -a -um 48.610
per-brevis -e 54.148
per-celer -is -e 55.287
per-cellere -culisse -culsum
   42.201; 48.306
per-cēnsēre 50.62
perceptiō -ōnis *f* 55.389
per-contārī 47.175
percontātiō -ōnis *f* 50.473
per-currere 32.44
per-cutere 24.15; 33.157
per-dere -didisse -ditum
   23.73, 131; 34.76; 36.349
per-domāre 46.177
perduelliō -ōnis *f* 43.144
peregrīnus -a -um 42.257
perennis -e 45.381; 56.243
per-errāre 45.109
per-exiguus -a -um 50.206
perfectus -a -um 21.158;
   53.387
per-ferre 30.56; 44.135
per-ficere 26.57
perfidia -ae *f* 43.182,240
perfidus -a -um 40.105
perfuga -ae *m* 48.826
per-fugere 42.14
per-fugium -ī *n* 54.415
per-fundere 37.182; 39.181
per-fungī 48.528
pergere perrēxisse 20.71; 39.
   145; 46.236
per-grātus -a -um 55.74
per-hibēre 55.277
perīculōsus -a -um 28.141
perīculum -ī *n* 28.129
per-imere 46.470
periocha -ae *f* 48.262
per-īre 28.122; 29.1,16; 36.12
peristȳlum -ī *n* 5.30
perītus -a -um 44.123

per-iūcundus -a -um 55.74
per-magnus -a -um 52.445
per-manēre 52.16
per-miscēre 48.199
per-mittere 29.85; 42.279;
   54.452
permixtiō -ōnis *f* 51.309
per-molestus -a -um 55.130
per-movēre 29.86
per-multī -ae -a 54.202
per-mūnīre 50.170
per-mūtāre 46.(386)
permūtātiō -ōnis *f* 46.386
perniciēs -ēī *f* 46.351
perniciōsus -a -um 51.262
per-ōrāre 48.162
per-paucī -ae -a 55.72
per-pellere 44.354
perpetuus -a -um 34.109
per-rogāre 51.9
per-saepe 55.149
per-sequī 26.2; 50.429; 55.358
per-sevērāre 46.139
per-solvere 44.38
persōna -ae *f* 3.2; 15.134
per-spicere 53.391
per-stāre 51.36
per-suādēre 28.110,164
perterritus -a -um 10.105
per-timēscere -uisse 52.659
per-tinēre 43.48
per-turbāre 29.57; 37.67
per-vādere 48.204; 54.234
per-vāstāre 48.110
per-venīre 28.137
per-volāre 56.289
pēs pedis *m* 10.12; 12.47;
   34.248
pessimus -a -um *sup* 19.15
pessum dare 51.325
pesti-fer -era -erum 45.264
pestilentia -ae *f* 38.26
pestis -is *f* 45.(264)
petasus -ī *m* 10.27
petere -īvisse -ītum 9.32,74,
   79; 32.74; 34.130
petītiō -ōnis *f* 54.556
phalerae -ārum *f* 52.486
phantasma -atis *n* 28.97
pharetra -ae *f* 56.305
philosophia -ae *f* 47.59
philosophus -ī *m* 47.73
pietās -ātis *f* 44.472; 56.98
piger -gra -grum 17.7; 56.318
pigēre 42.156

pignus -oris *n* **42**.383
pila -ae *f* **10**.74
pilleus -ī *m* **44**.119
pīlum -ī *n* **12**.33
pingere pīnxisse pictum **39**.
174, 278; vestis picta **39**.260;
tabula picta **51**.138
pīpiāre 34.97
pīrāta -ae *m* **32**.141
pīrāticus -a -um **53**.271
pirum -ī *n* **7**.52
piscātor -ōris *m* **29**.166
piscis -is *m* **10**.9
pius -a -um **37**.242
placēre -uisse/-itum esse **30**.
104; **42**.260; **46**.4; **55**.74
placidus -a -um **40**.4
placitus -a -um **40**.24
plānē 23.59, 136; **31**.62
plānus -a -um **23**.53; **48**.112
plaudere -sisse -sum **34**.34, 217
plausus -ūs *m* **42**.358
plēbēiī -ōrum *m* **36**.150
plēb(ē)s -bis *f* **42**.243; **47**.48, 101
plēnus -a -um **7**.38, 43; **13**.55
-plēre -plēvisse -plētum
plērī-que plērae- plēra- **33**.123
plērum-que *adv* **34**.32
plērus-que plēra- plērum- **47**.
53, 113; *n* **50**.510
plōrāre 3.9
plūma -ae *f* **40**.64
plumbum -ī *n* **49**.170
plūrālis -is *m* **1**.88; **5**.143
plūrēs -a -ium **19**.52; *n* **20**.99
plūrimī -ae -a **19**.54
plūrimum 19.(147); **43**.58
plūrimus -a -um **44**.227
plūs -ūris *n* **19**.147; **29**.27; *adv*
34.92
plūs-quam-perfectum *n* **24**.125
pōculum -ī *n* **11**.36
poēma -atis *n* **47**.39
poena -ae *f* **31**.100; -ās dare
37.68; -ās recipere **40**.259
poēta -ae *m* **32**.103
poēticus -a -um **34**.59
poētria -ae *f* **56**.346
pollēns -entis **52**.24
pollēre 51.297
pollicērī 25.80
pollicitārī 52.64
pollicitātiō -ōnis *f* **52**.250
polluere -uisse -ūtum **51**.306
pōmērium -ī *n* **43**.147

pompa -ae *f* **46**.382
pondō 47.132; **48**.863
pondus -eris *n* **38**.12; **42**.111;
56.138
pōnere posuisse positum **4**.60;
21.61; **33**.20, 146; **45**.100, 377
pōns pontis *m* **36**.344
pontifex -icis *m* **36**.117
pontus -ī *m* **39**.47
populārī 42.189
populāris -e **55**.190; -iter
56.219; *m* **43**.186
populus -ī *m* **32**.22; **42**.270
porcus -ī *m* **21**.49
por-rigere 50.469
porrō 50.144
porta -ae *f* **6**.15; **12**.103
portāre 6.22; **10**.30
por-tendere -disse -tum **44**.274
portentum -ī *n* **45**.169
porticus -ūs *f* **36**.160
portuōsus -a -um **52**.244
portus -ūs *m* **16**.13
poscere poposcisse **14**.70
positīvus -a -um *m* **35**.33
positus -a -um **50**.173; **54**.306,
506
posse potuisse **10**.21; **11**.135;
46.328
possessiō -ōnis *f* **48**.801
pos-sidēre -sēdisse **19**.60
post *prp + acc* **6**.32; **13**.44; *adv*
16.91; **52**.395
post-eā 22.41
posteā-quam 49.57
posterī -ōrum *m* **38**.21
posterior -ius **15**.62, 99; **47**.74
posteritās -ātis *f* **56**.244
posterus -a -um **33**.46
post-hāc 23.84
postīcum -ī *n* **50**.418
post-quam 21.79
postrēmō *adv* **17**.12
postrēmum *adv* **43**.276
postrēmus -a -um **13**.6
postrī-diē 55.460
postulāre 20.7, 138; **27**.94, 98
postulātum -ī *n* **44**.29
pōtāre 30.117
potēns -entis **38**.122, 141;
44.76
potentia -ae *f* **40**.29
potestās -ātis *f* **28**.79; **31**.30;
35.159; **40**.205; -em facere
49.164

pōtiō -ōnis *f* **31**.1
potior -ius **44**.428; **52**.61, 349
potīrī 38.14; **52**.173
potissimum 49.210
potius 28.128
prae *prp + abl* **27**.14, 63, 83
praebēre 41.101; sē p. **49**.142
prae-cēdere 48.533
praeceps -ipitis **40**.205; **47**.93;
50.218
praeceptum -ī *n* **49**.202
prae-cipere 45.148; **50**.316
praecipitāre 36.29; **40**.205;
56.164
praecipuē 33.42
praecipuus -a -um **44**.188
prae-clārus -a -um **36**.339
praecō -ōnis *m* **44**.410
praeda -ae *f* **39**.73, 205
praedārī 45.128
praedātōrius -a -um **52**.268
praedicāre 54.216
prae-dīcere 37.79
praedictum -ī *n* **40**.172
praedium -ī *n* **27**.50
prae-dīves -itis **51**.134
praedō -ōnis *m* **28**.132
prae-esse 30.33, 81
praefectus -ī *m* **45**.323; **48**.529
prae-ferre 32.83
prae-ficere 36.119
prae-mittere 39.263
praemium -ī *n* **31**.77
prae-nōmen -inis *n* **12**.11
prae-occupāre 50.75
prae-parāre 44.412
prae-pōnere 32.25; **35**.178;
48.612; **51**.332
praepositiō -ōnis *f* **6**.106
prae-potēns -entis **45**.200
praesēns -entis **19**.157; **31**.5;
42.131
prae-sentīre 40.103
praesertim 53.272
praeses -idis *m/f* **50**.555
praesidium -ī *n* **42**.192, 201;
46.376; -ō esse **54**.343
praestāns -antis **53**.364
prae-stāre 33.81; **45**.213; **46**.
37; **49**.4; praestat **38**.118
prae-sūmere 46.142
praeter *prp + acc* **14**.78; **19**.9;
33.68; p. spem **48**.133
praetereā 16.62
praeter-īre 40.52, 277; **54**.259

praeteritus -a -um **19**.159;
n **19**.162; *pl* **54**.506
praeter-mittere **41**.0; **48**.61
praeter-quam **44**.181
praeter-vehere **48**.492
prae-texta, (toga) p. *f* **46**.83
praetextātus -a -um **50**.619
praetor -ōris *m* **48**.182,349
praetōrium -ī *n* **48**.31
praetōrius -a -um **50**.443;
m **48**.517
praetūra -ae *f* **53**.410
praeverbium -ī *n* **51**.332
prātum/-ulum -ī *n* **55**.75
prāvus -a -um **17**.40; **43**.186;
45.92; *n* **52**.375
precārī **29**.54
precēs -um *f* **27**.109; -e **45**.367
prehendere -disse -ēnsum
22.74, 95
premere pressisse pressum **18**.
108; **32**.110; **39**.183; **46**.50
pretiōsus -a -um **29**.10
pretium -ī *n* **8**.61; **22**.16; **32**.9;
45.366
prīdem **30**.78
prī-diē **33**.46
-primere -pressisse -pressum
< premere
prīmō *adv* **24**.100; **41**.3
prīmōrēs -um *m* **41**.11; **42**.136
prīmum *adv* **14**.46; quam p.
44.144
prīmus -a -um **1**.67; **38**.3; in -īs
52.429
prīnceps -ipis *m* **28**.64,81; **36**.
17; **42**.137
prīncipium -ī *n* **34**.60; **56**.267
prior -ius **15**.97; **22**.83
prīstinus -a -um **49**.239
prius *adv* **22**.42
prius-quam **31**.64
prīvātim **44**.353
prīvātus -a -um **33**.40; **44**.462;
46.7; *n* **48**.201
prō *prp*+*abl* **27**.71,72; **32**.93,
121; **33**.35; **40**.125; **43**.82;
51.205; **52**.122; p. sē **45**.290
prō! **40**.221
probāre **36**.288; **51**.173
probātus -a -um **44**.306
probus -a -um **3**.32; **8**.106
prō-cēdere **22**.76; **40**.220; **45**.
206; **52**.273
procella -ae *f* **39**.38

procērus -a -um **53**.331
prō-cidere -disse **48**.130
prō-clāmāre **43**.162
prō-cōnsul -is *m* **48**.695
prōcōs. **48**.719
prō-creāre **41**.71
procul **6**.10; **9**.55,86; **47**.180;
50.80
prō-cumbere -cubuisse **42**.385
prō-cūrāre **55**.(449)
prōcūrātor -ōris *m* **55**.449
prō-currere **33**.16
prō-dere **42**.108; **47**.171;
memoriae p. **49**.251
prōd-esse prō-fuisse **27**.122
prōdigium -ī *n* **37**.219
prōd-īre **42**.162
prōditiō -ōnis *f* **43**.190
prōditor -ōris *m* **51**.155
prō-dūcere **37**.197; **49**.97; **52**.
395; **54**.604
proelium -ī *n* **33**.15
profectō **20**.59
prō-ferre **30**.142; **33**.175;
44.87
prō-ficere **54**.552
proficīscī -fectum **16**.57
pro-fitērī -fessum **48**.729;
52.429
prō-flīgāre **49**.70
pro-fugere **42**.44
profugus -a -um **37**.10
pro-fundere **44**.470
prōgeniēs -ēī *f* **50**.670; **55**.376
prō-gnātus -a -um **51**.0
prō-gredī **33**.11
prōgressiō -ōnis *f* **54**.244
pro-hibēre **27**.169,175; **45**.3
prō-icere **27**.92
pro-inde **42**.51
prō-lābī **45**.194
prōlēs -is *f* **45**.412
prōlētāriī -ōrum *m* **44**.(314)
prōmere -mpsisse -mptum
17.97
prō-minēre **48**.472
prōmissum -ī *n* **23**.95
prō-mittere **23**.87; **27**.119
prō-movēre **48**.72
prōmptus -a -um **45**.127
prōmptū: in p. esse **52**.685
prō-mulgāre **51**.224
prōmunturium -ī *n* **36**.105
prō-nōmen -inis *n* **8**.135; **35**.39
prō-nūntiāre **50**.57

prōnus -a -um **55**.438
prōpatulum -ī *n* **49**.175
prope *prp*+*acc* **6**.8; *adv* **9**.78;
12.102; *comp* propius **22**.67
properāre **33**.56,90
properē **44**.268
propinquus -a -um **26**.114; *m*
48.356; *n* ex -ō **50**.204
propior -ius *comp* **43**.57
propius *adv comp* v. prope
prō-pōnere **47**.164
prōpositum -ī *n* **53**.390
prō-praetor -ōris *m* **48**.380
proprius -a -um **35**.9,11; **37**.4;
38.38
propter *prp*+*acc* **16**.118,126;
55.47; *adv* **54**.105
proptereā **35**.175; **54**.52
prōra -ae *f* **36**.90
prō-scrībere **53**.110
prō-sequī **50**.110; **51**.65
prō-silīre **34**.210
prosperus -a -um **41**.46
prō-spicere **25**.103
prō-sternere **48**.317; **54**.324
prō-tegere **45**.112
prōtinus **29**.30
prō-trahere **45**.70; **53**.13
prō-vehere **38**.17
prōventus -ūs *m* **50**.646
prō-vidēre **49**.167; **52**.115
prōvincia -ae *f* **1**.57; **48**.63
prō-vocāre **43**.160; **46**.150
prōvocātiō -ōnis *f* **43**.161
prō-volāre **42**.136
proximus -a -um **32**.26; **51**.15;
m **52**.595; -ē **48**.560
prūdēns -entis **17**.9; **42**.283
prūdentia -ae *f* **45**.124
pruīna -ae *f* **56**.190
pūbēs -eris **41**.51; *m* **44**.52
pūblicānus -ī *m* **54**.149
pūblicāre **49**.152
pūblicus -a -um **33**.40; *n* **42**.
333; rēs -a **36**.81; **44**.160
pudēns -entis **55**.419
pudēre **23**.79; + *gen* **23**.82
pudibundus -a -um **45**.380
pudīcitia -ae *f* **45**.246
pudīcus -a -um **45**.(196),355
pudor -ōris *m* **23**.82; **40**.16
puella -ae *f* **2**.3; **34**.195
puer -ī *m* **2**.2; **12**.98; **30**.86
puerīlis -e **41**.100
pueritia -ae *f* **41**.65

puerulus -ī *m* **49**.26
pugna -ae *f* **21**.53
pugnāre **12**.37
pugnātor -ōris *m* **46**.359
pugnus -ī *m* **12**.39
pulcher -chra -chrum **5**.15,17
pulchritūdō -inis *f* **19**.22
pullus -ī *m* **10**.72; **51**.170
pullus -a -um **50**.463
pulmō -ōnis *m* **10**.52
pulsāre **3**.8; **6**.86
pulsus -ūs *m* **56**.281
pulvīnar -āris *n* **50**.373
pulvis -eris *m* **43**.278; **48**.709
pūnctum -ī *n* **56**.112
pūnīre **15**.7
puppis -is *f* **16**.41
pūrgāre **43**.22
purpura -ae *f* **39**.260
pūrus -a -um **14**.52; **56**.302
putāre **11**.108,134,139;
  putārēs **41**.221

Q

quā *adv* **37**.228; **50**.180
quā-cumque *adv* **45**.299
quadrāgēsimus -a -um **28**.43
quadrāgintā **17**.25
quadrātus -a -um **36**.10; **48**.86
quadriennium -ī *n* **46**.141
quadrīgae -ārum *f* **43**.262
quadringentēsimus -a -um
  46.288
quadringentī -ae -a **17**.32
quaerere -sīvisse -sītum **9**.60;
  31.16; **33**.37; **34**.211
quaesō **50**.630; **56**.58
quaestiō -ōnis *f* **43**.349; **51**.256
quaestor -ōris *m* **48**.516; **51**.206
quaestōrius -a -um **55**.66
quaestūra -ae *f* **53**.381
quaestus -ūs *m* **54**.354,393
quālis -e **18**.65; **37**.93; **43**.270;
  tālis q. **38**.190
quālis-cumque **55**.373
quālitās -ātis *f* **35**.36
quam **6**.11; **7**.94; +*sup* **27**.177;
  43.45; **49**.194; **52**.164,336; q.
  prīmum **44**.143
quam-diū **33**.87; **49**.104
quam-ob-rem **31**.37
quam-quam **17**.81
quam-vīs **55**.204,410
quandō **13**.107; **35**.171,203;
  48. 387; nē q. **44**.80

quantitās -ātis *f* **35**.36
quantum *adv* **37**.93
quantum -ī *n* **31**.53,81; **56**.234;
  -ō... tantō **52**.475
quantus -a -um **8**.72,75; **19**.121
quantus-cumque **53**.399
quā-propter **35**.174
quā-rē **17**.135; **49**.39
quārtō *adv* **45**.384
quārtus -a -um **8**.124; **13**.3; -a
  pars **13**.34
quasi **29**.104; **46**.108
quassāre **48**.128
quater **18**.123
quatere -iō **26**.116
quaternī -ae -a **33**.3,91
quattuor **4**.9
quattuor-decim **17**.19
-que **2**.9; **3**.53
quercus -ūs *f* **42**.75
querēlla -ae *f* **40**.134
querī questum **29**.21
querimōnia -ae *f* **54**.441
quī quae quod **3**.63,70-75;
  4.75; **8**.3; **15**.58
quī quae quod (...?) **8**.26,30
quī qua quod (sī/nē q.) **40**.118;
  50.86
quia **3**.27
quic-quam **45**.7 = quid-quam
quic-quid **53**.386 = quid-quid
quī-cumque quae- quod-
  38.171; **39**.104,143,246
quid *n* **1**.50; **2**.76 v. quis
quid *adv* **15**.77
quī-dam quae-dam quod-dam
  27.76; **31**.21,28
quidem 26.43,65; nē... q. **27**.55
quid-quam v. quis-quam
quid-quid **31**.29; **37**.49
quiēs -ētis *f* **39**.316
quiēscere -ēvisse **27**.1,64
quiētus -a -um **11**.58; **14**.1
quī-libet quae- quod- **42**.13,21
quīn 22.29; q. etiam **37**.264;
  +*imp* **40**.197; nōn... q.
  (+*coni*) **40**.8; **48**.123
quī-nam **48**.29 v. quis-nam
quīn-decim **17**.20
quīndecim-virī -ōrum *m*
  47.192
quīngentēsimus -a -um **47**.151
quīngentī -ae -a **17**.33
quīnī -ae -a **33**.3
quīnquāgēsimus -a -um **50**.3

quīnquāgintā **17**.25
quīnque **4**.10
quīnquennium -ī *n* **52**.128
quīnque-rēmis -e **48**.228
quīnquiēs **18**.124
Quīntīlis -is *m* **13**.128
quīntō *adv* **53**.18
quīntus -a -um **13**.3
quippe **52**.266,494
quīre -eō -īvisse **52**.108
-quīrere -īsīvisse -īsītum
  < quaerere
Quirītēs -ium *m* **42**.165
quis quae quid **1**.55; **2**.15,16;
  39.175
quis qua quid (sī/nē/num q.)
  22.7,28,105; **32**.135; **42**.372
quīs **52**.177,332 = quibus
quis-nam **23**.6
quis-quam quid- **26**.26; **27**.106
quis-que quae-que quod-que
  17.11,13,23; **18**.20,43; *sup* +
  q. **31**.172; **44**.420
quis-quis **31**.176; **34**.211
quī-vīs quae-vīs quod-vīs
  51.326; **53**.338; **55**.192
quō *adv* **6**.35; **16**.47
quō (+*comp*)...eō **43**.57; quō
  (+*coni*) **55**.337; **56**.62
quo-ad **38**.56
quō-circā **56**.233
quō-cum **33**.154 v. quī
quō-cumque *adv* **54**.398
quod 10.24; **47**.196; est q.
  43.236; q. sī **45**.108; **49**.7
quō-modo **14**.25,35
quondam **37**.178; **44**.235;
  45.360
quoniam **26**.14
quoque **1**.3
quot **2**.37; **26**.91; tot... q.
  31.69
quot-annīs **25**.37
quotiēs **18**.122; **40**.129
quotiēs-cumque **49**.6
quo-ūsque **56**.116

R

rabiēs -ēī *f* **39**.79
radius -ī *m* **56**.133
rādīx -īcis *f* **50**.217
rāmus -ī *m* **10**.69
rapere -iō -uisse -ptum **27**.96,
  132; **28**.133; **54**.196
rapidus -a -um **29**.72

rapīna -ae *f* **42**.354; **45**.337
raptim 50.73
rārō *adv* **20**.63; -ius **20**.74
rārus -a -um **18**.13; **28**.137; **36**.
360
ratiō -ōnis *f* **34**.55; **40**.175;
43.350; **54**.462; **55**.42; -em
habēre **54**.159; *pl* **54**.160
ratiōnālis -e **35**.162,173
ratis -is *f* **33**.106
ratus -a -um **51**.176; **55**.108;
56.145
re-bellāre 45.126
re-cēdere 22.76; **23**.11; **38**.13;
46.20, 375
recēns -entis **48**.481
re-cidere reccidisse **55**.303
re-cīdere 51.195
reciperāre 42.118
re-cipere 30.6; **48**.618; sē r.
43.342; **56**.141
recitāre 15.97,99
re-cognōscere 29.171
re-conciliāre 43.186
re-cordārī 54.401
recordātiō -ōnis *f* **55**.427
re-creāre 54.228
rēctor -ōris *m* **55**.450
rēctus -a -um **17**.39; **18**.53; **43**.
185; *n* **46**.168; -ā viā **26**.88;
ōrātiō -a **50**.683
re-cumbere 24.8
re-cūsāre 37.195; **38**.35
red-dere 15.88; **34**.55; **41**.206;
46.6
red-igere 46.419; **48**.136
red-imere 32.96
redimīre 56.187
red-īre 15.67; **16**.58; **25**.129;
ad sē r. **44**.283
reditus -ūs *m* **48**.778
re-dūcere 29.75; **52**.442
red-undāre 53.367
re-fellere -lisse **40**.144
re-ferre -ttulisse -lātum **33**. 57;
38.40; **51**.206; grātiam r.
32.123; r. ad **44**.362; r. dē
48.96
rē-ferre: rēfert **52**.685
re-ficere 36.41
re-fugere 39.309; **46**.352
rēgālis -e **44**.393
regere rēxisse rēctum **25**.6,44
rēgia -ae *f* **36**.116; **37**.16
rēgīna -ae *f* **35**.(221); **39**.19

regiō -ōnis *f* **27**.25; **36**.272
rēgius -a -um **37**.273
rēgnāre 28.88
rēgnum -ī *n* **37**.15
re-gredī 46.93
rēgula -ae *f* **14**.109
rēgulus -ī *m* **52**.125
re-laxāre 55.26
religiō -ōnis *f* **43**.328
religiōsus -a -um **54**.235
re-linquere 9.40,48; **23**.125
reliquiae -ārum *f* **48**.569
reliquus -a -um **26**.15,18,28; *n*
50.138; **51**.323; **54**.507
re-mandāre 46.251
re-manēre 29.8
remedium -ī *n* **50**.562
rēmex -igis *m* **54**.421
rēmigāre 32.54
re-minīscī 32.102,156
remissiō -ōnis *f* **53**.335
remissus -a -um **53**.375
re-mittere 19.81; **52**.611;
53.299
re-morārī 54.423
remōtus -a -um **51**.42
re-movēre 22.85
rēmus -ī *m* **29**.193
re-nāscī 56.272
re-novāre 36.189
re-nūntiāre 43.21; **48**.756
re-parāre 46.53,368
re-pellere -ppulisse -pulsum
52.679
repēns -entis **48**.345
repente 29.99
repentīnus -a -um **38**.50;
44.311
rēpere -psisse **49**.63
reperīre -pperisse -pertum
9.63; **18**.11; **55**.354
re-petere 37.258; **44**.404; **50**.
71; **52**.6; rēs r. **43**.14
re-pōnere 17.129
re-portāre 53.26
re-prehendere 17.62
re-primere 53.369; **56**.80
repudiāre 46.62
re-pugnāre 32.66
repulsa -ae *f* **54**.556
re-putāre 40.174
re-quiēscere 30.22; **52**.498
re-quīrere 34.137; **54**.29
rērī ratum **38**.107; **42**.305
rēs reī *f* **14**.111,122; **17**.3; r.

(pūblica) **36**.81; **42**.21; **43**.2,
260
re-scindere 48.386; **52**.129
re-sīdere 53.371
re-sistere 22.62; **32**.77
re-sonāre 37.144
re-spergere -sisse -sum **42**.156
re-spicere 37.254; **40**.59,271;
48.495
re-spondēre -disse -ōnsum
3.25
respōnsum -ī *n* **17**.39
re-stāre 36.13; **39**.236; restat
ut **54**.276
re-stinguere -īnxisse -īnctum
37.222
restis -is *f* **43**.147
re-stituere 36.136,151; **46**.18;
48.484; **54**.545
re-surgere 39.85
re-tardāre 54.108
rēte -is *n* **34**.26
re-ticēre 45.380
re-tinēre 22.59; **34**.73
re-trahere 31.78
retrō 46.335
reus -ī *m* **52**.430
re-vehere 44.165
re-venīre 11.47
re-vertī -tisse/sum esse **20**.
123; **30**.1; **46**.257
re-vincere 51.99
re-vīsere 37.213; **38**.91
re-vocāre 26.142; **31**.43;
39.81; **46**.120; **51**.194
rēx rēgis *m* **25**.44; *pl* **44**.228
rhētor -oris *m* **53**.289
rīdēre -sisse -sum **3**.10; **5**.70
rīdiculus -a -um **33**.77
rigāre 27.41
-rigere -rēxisse -rēctum
< regere
rigēre 39.34
rīpa -ae *f* **33**.128
-ripere -iō -ripuisse -reptum
< rapere
rīsus -ūs *m* **34**.141
rīte 42.2; **55**.444
rītus -ūs *m* **41**.160
rīvus -ī *m* **9**.8; **36**.255
rīxa -ae *f* **44**.255
rōbur -oris *n* **37**.51; **48**.8,321
rōbustus -a -um **49**.184
rogāre 28.57; **44**.46
rogātiō -ōnis *f* **51**.243

rogitāre 22.40
rogus -ī m 40.165,179; 45.375
rosa -ae f 5.13
rōstrātus -a -um 46.322
rōstrum -ī n 36.89,91
rota -ae f 44.(99),473
rotundus -a -um 36.109
ruber -bra -brum 11.12,20
rubēre 23.81
rudis -e 27.26
ruere ruisse 37.100,132
ruīna -ae f 43.291; 48.131
rūmor -ōris m 31.13
rumpere rūpisse ruptum 22.72;
  24.12; 40.209; 45.19
rūpēs -is f 39.94
ruptor -ōris m 43.246
rūrī loc 27.66 v. rūs
rūrsus 4.12
rūs rūris n 27.65
rūsticus -a -um 27.99; 31.191
rutilus -a -um 56.126

S
sacculus -ī m 4.3
saccus -ī m 6.25
sacer -cra -crum 36.30; 38.18
sacerdōs -ōtis m/f 35.18; 36.
  120; 40.177
sacrāre 36.34
sacrārium -ī n 47.191
sacrificāre 38.68
sacrificium -ī n 36.50
sacrum -ī n 41.158; pl 37.108
saeculum -ī n 13.8; 56.225
saepe 17.72; -issimē 24.93
saepīre -psisse -ptum 43.254
saevitia -ae f 45.103
saevus -a -um 25.39
sagitta -ae f 12.91
sagittārius -ī m 53.240
sāl salis m 30.109; 34.151
salīnae -ārum f 44.88
salīre -uisse 22.72
saltāre 42.336
saltem 39.216; 42.128
saltus -ūs m 41.108
salūber -bris -bre 51.162
salūs -ūtis f 29.119; -em dīcere
  23.23; -ī esse 45.59
salūtāre 4.33
salutāris -e 50.562
salvāre 28.122
salvē -ēte 4.34; 7.31
salvēre iubēre 30.16

salvus -a -um 28.104,146;
  45.257
sānāre 11.27
sānctus -a -um 42.334
sānē 30.107
sanguineus -a -um 40.248
sanguinulentus -a -um 44.467
sanguis -inis m 11.19; 39.6;
  44.375; 45.349
sānus -a -um 11.24,77
sapere -iō -iisse 34.190
sapiēns -entis 31.108; m 47.28
sapientia -ae f 52.114
sarcina -ae f 52.602
sarmentum -ī n 48.402
satelles -itis m 48.653
satin' 45.257
satis 8.95,126; 13.110
satius 51.320
saucius -a -um 37.164
saxum -ī n 25.103
scaena -ae f 3.1; 36.268
scaenicus -a -um 34.44
scālae -ārum f 50.238
scalpellum -ī n 34.5
scamnum -ī n 35.17
scandere -disse -ānsum 39.159
scelerātus -a -um 37.69
scelestus -a -um 31.118
scelus -eris n 31.116
-scendere -disse -ēnsum
  < scandere
scēptrum -ī n 39.23
sciēns -entis 52.507
scientia -ae f 54.287
scī-licet 22.110
scindere -idisse -issum 22.100
scīre 17.3,113,137; 42.376
scīscitārī 45.138
scopulus -ī m 38.152
scortum -ī n 51.195
scrībere -psisse -ptum 18.48;
  48.4; exercitum s. 52.359
scriptor -ōris m 44.339
scrīptum -ī n 47.198
scrīptūra -ae f 54.142
scrūtārī 52.154
scūtum -ī n 12.33
sē, sibi 7.8; 15.82; 24.24; 46.
  19; sē-cum 14.87
secāre -uisse -ctum 29.169;
  34.6
sē-cernere 51.122
sēcrētō adv 52.70
sēcrētus -a -um: n 44.233

sē-cum 14.87 v. sē
secundō adv 46.319
secundum prp + acc 33.107; 43.
  142,301
secundus -a -um 1.67; 16.37;
  32.100
secūris -is f 42.1,7; 44.262
secus 50.567; 55.131
sed 1.7; 3.57
sēdāre 39.54; 44.230
sē-decim 17.20
sedēre sēdisse 11.31
sēdēs -is f 36.48; 38.36
sēditiō -ōnis f 44.97; 46.48
sēditiōsus -a -um 51.275
sēgnis -e 41.107
sē-iungere 49.58; 54.172
sella -ae f 15.14
semel 18.134; 25.31
sēmen -inis n 27.15; 41.199
sē-met 48.203
sēmi-animis -e 45.399
sēmi-ermis -e 50.206
sēmi-somnus -a -um 52.280
semper 16.26
sempiternus -a -um 55.471
senātor -ōris m 36.80
senātus -ūs m 36.79; 48.34;
  -um dare 48.184
senecta -ae f 51.80
senectūs -ūtis f 44.382
senēscere -uisse 43.8
senex senis m 31.174
sēnī -ae -a 33.3; 51.263
senior -ōris m 44.316
sēnsim 43.204
sēnsus -ūs m 50.75; 56.163
sententia -ae f 18.30; 30.138;
  44.46
sentīre sēnsisse sēnsum 11.90;
  30.129
sepelīre -īvisse -ultum 38.212;
  54.329
septem 4.10
September -bris m 13.5
septen-decim 17.20
septēnī -ae -a 51.197
septentriōnālis -e 56.(189)
septentriōnēs -um m 16.47; sg
  -ō -ōnis 50.153
septimus -a -um 13.4
septingentēsimus -a -um
  51.109
septingentī -ae -a 17.33
septuāgēsimus -a -um 46.299

septuāgintā 17.26
sepulcrum -ī *n* **38**.213
sequī secūtum **16**.66,114
serēnus -a -um **16**.54; **40**.175
serere sēvisse satum **27**.9
sērius *adv* **55**.101 v. sērō
sērius -a -um **34**.144
sermō -ōnis *m* **20**.50; **49**.250
sērō *adv, comp* sērius **55**.101
serpēns -entis *m* **49**.194
sērus -a -um **45**.221, *adv* -ō
serva -ae *f* **44**.245
servāre 16.125; **36**.57; **43**.256
servātor -ōris *m* **50**.110
servīlis -e **41**.126
servīre 28.152,158; **35**.209
servitium -ī *n* **43**.87
servitūs -ūtis *f* **32**.2
servus -ī *m* **2**.26
sescentēsimus -a -um **53**.31
ses-centī -ae -a **17**.33
sē-sē 29.156
sēstertius -ī *m* **8**.61; **17**.99; s. nummus **51**.165
sētius, nihilō s. **49**.124
seu 32.113 v. sī-ve
sevērus -a -um **15**.6; **31**.100
sex 1.74
sexāgēsimus -a -um **46**.125
sexagintā 13.7
sexiēs 18.120
Sextīlis -is *m* **13**.136
sextus -a -um **13**.4
sī 15.83; + *coni* **33**.73,181; **45**.205
sibi *dat* **24**.24 v. sē
sīc 18.42
siccāre 36.61
siccus -a -um **27**.129; *n* **41**.99
sīc-ut/-uti 22.16
sīdere sēdisse **44**.463; **48**.301
sīdus -eris *n* **39**.244
signāre 18.188; **50**.120
significāre 18.33; **24**.87; **25**. 41; **35**.203
significātiō -ōnis *f* **35**.104; **54**.37
signum -ī *n* **19**.3; **23**.13; **33**.9; **38**.135; -a movēre **42**.200
silentium -ī *n* **20**.116
silēre 20.115
-silīre -siluisse < salīre
silva -ae *f* **9**.10,21
silvestris -e **55**.275
similis -e **35**.221; + *dat* **39**.237;

+*gen* **42**.328; *sup* -illimus **43**.30; vērī s. **50**.329
simplex -icis **51**.330
simul 16.55; **45**.303; s. atque /ac **31**.41
simulācrum -ī *n* **36**.47
simulāre 39.87
simultās -ātis *f* **45**.336
sīn 26.78
sine *prp*+*abl* **5**.45
sinere sīvisse situm **22**.77
singulāris -e **46**.151; **54**.67; (numerus) s. **1**.88
singulī -ae -a **30**.73,74
sinister -tra -trum **14**.80
sinistra -ae *f* **16**.51; **30**.97
sinus -ūs *m* **34**.159; **39**.59; **42**.373; **48**.248,474
sī-quidem 35.171; **55**.90
sistere stitisse **42**.129
sitīre 41.99
sitis -is *f* **30**.48
situs -a -um **16**.2; **52**.318,401
situs -ūs *m* **41**.60
sī-ve/seu 16.2; **20**.12; s. ... s. **20**.82; **32**.116
socer -erī *m* **42**.391
sociālis -e **53**.29
sociāre 55.172
societās -ātis *f* **41**.20; **55**.194
socius -ī *m* **37**.257; **38**.9; -ī nāvālēs **50**.350
socordia -ae *f* **52**.476
sōl -is *m* **9**.25,30
sōlārī 40.151; **45**.382
solēre -itum esse **14**.62; ut -et **43**.231
sōlitūdō -inis *f* **41**.97
solitus -a -um **48**.208; (māior) -ō **50**.568
solium -ī *n* **39**.198
sollicitāre 46.245
solum -ī *n* **21**.64; **27**.39
sōlum *adv* **7**.56
sōlus -a -um **5**.23
solvere -visse -lūtum **22**.63; **23**.43; **31**.33; **39**.179; **45**.16; nāvem s. **25**.98; ōrātiō -ūta **36**.369
somnium -ī *n* **37**.89
somnus -ī *m* **20**.4
sonāre -uisse **37**.76
sonitus -ūs *m* **52**.623
sonus -ī *m* **24**.9
sōpīre 44.282; -ītus **45**.234

sordēs -ium *f* **21**.60
sordidus -a -um **14**.45; **27**.62; **44**.420
soror -ōris *f* **12**.1
sors -rtis *f* **45**.(165),173,191; **50**.388; **51**.103
sortīrī 48.221
sōspes -itis **48**.369
spargere -sisse -sum **27**.15,171
spatium -ī *n* **43**.35,151; **44**.176; **53**.400
speciēs -ēī *f* **37**.130; **41**.163; **48**.568; **35**.159; -ē **45**.165
spectāculum -ī *n* **42**.33; *pl* **44**. 168; -ō esse **43**.60
spectāre 11.76,109; **36**.22; **42**. 31; **45**.193
spectātor -ōris *m* **34**.31
spectātus -a -um **45**.227
speculārī 48.734
speculātor -ōris *m* **52**.657
speculum -ī *n* **7**.8
specus -ūs *m* **45**.187
spēlunca -ae *f* **40**.57
spērāre 28.147,158
spernere sprēvisse sprētum **42**.27
spēs -eī *f* **29**.16; spē + *comp* **45**.97
sphaera -ae *f* **55**.110; **56**.(114)
-spicere -iō -spexisse -spectum
spīrāre 10.47; **38**.142
splendēre 36.45
splendidus -a -um **36**.282
splendor -ōris *m* **54**.436
spolia -ōrum *n* **42**.73; **51**.110
spoliāre 42.71; **54**.203
spondēre spopondisse spōnsum **41**.28; **46**.274
spondēus -ī *m* **34**.250
spōnsus -ī *m* **43**.130
sponte, meā s. **40**.135; suā s. **44**.231
st! 3.4; **56**.58
stabilis -e **55**.464
stabulum -ī *n* **41**.107
stadium -ī *n* **36**.319
stāgnum -ī *n* **36**.285
stāre stetisse **11**.32; **45**.373; **50**.527
-stāre -stitisse
statim 15.28
statiō -ōnis *f* **48**.207; **50**.239, 548
statīva -ōrum *n* **43**.44

stator -ōris *m* **42**.130
statua -ae *f* **36**.198
statuere -uisse -ūtum **31**.80;
  50.542
status -ūs *m* **43**.329; **55**.199
stēlla -ae *f* **13**.46
stēllifer -a -um **56**.151
sterilis -e **47**.154
sternere strāvisse strātum **30**.
  72,82; **37**.123; **43**.271; viam
  s. **46**.201
stīllāre 45.400
stilus -ī *n* **14**.109; **53**.398
stimulāre 43.8
stipendium -ī *n* **33**.35; **42**.333;
  44.318; **46**.90
stīpes -itis *m* **46**.472
stirps -pis *f* **41**.24; **52**.190
-stituere -uisse -ūtum
  < statuere
strāgēs -is *f* **43**.113
strāmentum -ī *n* **36**.15
strēnuus -a -um **44**.114
strepere -uisse **52**.617
strepitus -ūs *m* **24**.12
stringere -īnxisse -ictum
  37.118
strophē -ae *f* **56**.353
struere strūxisse strūctum
  40.79; **51**.3
studēre 33.29; **55**.57
studiōsus -a -um **26**.43
studium -ī *n* **33**.30
stultitia -ae *f* **45**.179
stultus -a -um **11**.10
stupefactus -a -um **38**.41
stupēre 29.112
stuprāre 45.226
stuprum -ī *n* **45**.308
suādēre -sisse -sum **29**.161
sub *prp*+*abl* **9**.30; **10**.47;
  27.57; **37**.4; +*acc* **22**.91;
  48.212,250
sub-agrestis -e **55**.290
sub-dere 48.328
sub-dūcere 38.24; **52**.613
sub-icere 40.77; **50**.104
sub-iectus -a -um **56**.122
sub-igere 46.158; **50**.473
sub-inde 47.161
sub-īre 29.99,181
subitō *adv* **24**.12
subitus -a -um **24**.10
sub-legere 51.267
sublīmis -e **42**.251

sub-mergere 32.4
sub-mittere 50.469
sub-movēre 48.117
sub-nīxus -a -um **55**.415;
  56.190
sub-scrībere 47.131
subsellium -ī *n* **51**.240
subsidium -ī *n* **50**.203; **54**.29,
  359
subter 56.128
sub-terrāneus -a -um **36**.62
sub-urbānus -a -um **27**.58
sub-venīre 52.207
suc-cēdere 39.252; **48**.30,411;
  54.586
successor -ōris *m* **50**.644
successus -ūs *m* **53**.163
suc-cingere 48.148
suc-clāmāre 48.251
suc-cumbere 40.12
suc-currere 39.255
sūdor -ōris *m* **46**.82
-suēscere -suēvisse -suētum
suf-ficere 49.45
suffīxum -ī *n* **52**.729
suf-frāgārī 51.94
suffrāgium -ī *n* **44**.417
sūmere -mpsisse -mptum **4**.73;
  11.23; bellum s. **44**.304
summa -ae *f* **48**.216,434,633;
  56.51
summus -a -um **26**.79; **30**.69;
  32.37; **36**.26; **37**.112; *n* **50**.
  656
sūmptus -ūs *m* **54**.413
su-ove-taurīlia -ium *n* **44**.337
super *prp*+*acc* **11**.6; +*abl*
  31.147; *adv* **40**.181
superāre 36.202; **48**.263,490;
  49.3
superbia -ae *f* **39**.206
superbus -a -um **32**.170
super-ēminēre 46.477
super-esse 18.140; **32**.48;
  +*dat* **37**.198
super-fundere 50.518
superior -ius **23**.64; **33**.144;
  36.87; **44**.142
superlātīvus -ī *m* **13**.175
superus -a -um **16**.2; **38**.170
super-venīre 46.117
supīnum -ī *n* **22**.125
suppeditāre 53.313
supplēmentum -ī *n* **48**.638
sup-plēre 43.298

supplex -icis **38**.164
supplicātiō -ōnis *f* **50**.26
supplicium -ī *n* **31**.119; **46**.400
suprā *prp*+*acc* **9**.25; **16**.2; **48**.
  621; **49**.266; *adv* **33**.22; **52**.5
suprēmus -a -um **37**.81
surdus -a -um **28**.31
surgere sur-rēxisse **14**.40;
  15.15; **38**.157
sur-ripere 29.131
sūrsum 26.73
sūs suis *f* **39**.258
sus-cipere 40.149; **43**.317;
  46.35; **54**.40
sus-citāre 28.66,121
suspectus -a -um **37**.38; **45**.11
sus-pendere -disse -ēnsum
  43.147
suspicārī 41.127; **56**.108
su-spicere 26.85,108
suspīciō -ōnis *f* **49**.22
sustentāre 52.610; **55**.275
sus-tinēre 10.100,124; **12**.115;
  42.121; **46**.93; **55**.423
suus -a -um **4**.19; **13**.47
syllaba -ae *f* **1**.74
synōnymum -ī *n* **35**.B

T
tabella -ae *f* **21**.109; **41**.224
tabellārius -ī *m* **22**.24
taberna -ae *f* **8**.1
tabernāculum -ī *n* **50**.471
tabernārius -ī *m* **8**.3
tābēscere -buisse **52**.209
tabula -ae *f* **14**.109; t. (picta)
  51.138; **54**.428
tabulārium -ī *n* **36**.56
tacēre 4.37; **45**.191
tacitus -a -um **15**.18
taedēre 40.167
taeter -tra -trum **54**.326
talentum -ī *n* **32**.169; **45**.95
tālis -e **18**.70
tam 6.11; **8**.81; **14**.59; **34**.20
tam-diū 33.86
tamen 19.63
tam-etsī 52.32
tam-quam 26.53; t. (sī) **46**.49
tandem 22.35; **34**.71; **37**.158;
  39.131
tangere tetigisse tāctum **11**.40,
  89; **39**.178; **40**.226
tantum *adv* **4**.11; **41**.62
tantum -ī *n* **27**.94; -ī esse

46.392
tantum-modo 50.80
tantun-dem 35.40
tantus -a -um **8**.64
tardāre 54.225
tardus -a -um **30**.12,79
tata -ae *m* **20**.30
taurus -ī *m* **25**.26
tē tē-cum v. tū
tēctum -ī *n* **19**.3; **36**.275
tēctus -a -um **50**.43
tegere tēxisse tēctum **36**.15; **37**.83; **52**.493
tellūs -ūris *f* **56**.137
tēlum -ī *n* **37**.107; **44**.263
temerārius -a -um **26**.104
temere 47.7
temeritās -ātis *f* **44**.378
temperantia -ae *f* **54**.118
temperāre 42.353; **48**.783; **55**.219
temperātiō -ōnis *f* **56**.130
temperātus -a -um **42**.353; **53**.342
tempestās -ātis *f* **16**.32; **43**.301
tempestīvus -a -um **54**.356
templum -ī *n* **19**.46; **42**.302; **56**.85
temptāre 39.285; **40**.159; bellō t. **54**.233
tempus -oris *n* **13**.9,19,80; **19**.155; **45**.182; t. est **13**.148
tendere tetendisse tentum /tēnsum **37**.227; **39**.84; **46**.213; **50**.405; **52**.426
tenebrae -ārum *f* **34**.83
tenebricōsus -a -um **34**.98
tener -a -um **37**.60; **42**.374
tenēre -uisse -ntum **7**.6; **16**.77; **25**.32; **41**.5; **44**.192; **50**.635
tenuis -e **10**.101; **37**.277
ter 18.125
terere trīvisse trītum **45**.208
tergēre -sisse -sum **7**.23,92
tergum -ī *n* **15**.61; ā -ō **16**.38
terminus -ī *m* **44**.206
ternī -ae -a **30**.74
terra -ae *f* **9**.26; **12**.62; **13**.49; **31**.39
terrēre 22.67
terrestris -e **44**.37
terribilis -e **25**.25
terror -ōris *m* **38**.177; **44**.84
tertiō *adv* **46**.121
tertium *adv* **36**.41
tertius -a -um **1**.68

testāmentum -ī *n* **44**.103
testārī 44.38
testis -is *m/f* **34**.205; **43**.26
thalamus -ī *m* **40**.150
theātrum -ī *n* **34**.45
thema -atis *n* **48**.868
thermae -ārum *f* **36**.243
thēsaurus -ī *m* **39**.123
tibi *dat* **14**.66 v. tū
tībiae -ārum *f* **28**.(73)
tībīcen -inis *m* **28**.71
tigris -is *f* **40**.138
timēre 6.39,42
timidus -a -um **25**.21
timor -ōris *m* **9**.57
-tinēre -tinuisse -tentum < tenēre
tingere tīnxisse tīnctum **44**.461
tīrō -ōnis *m* **46**.159
titulus -ī *m* **2**.82
toga -ae *f* **14**.71
togātus -a -um **14**.77
tolerābilis -e **48**.651
tolerāre 45.103
tollere sustulisse sublātum **17**.17; **28**.59; **37**.64; **44**.13; **46**.11,209
tonāre -uisse **37**.224
tonitrus -ūs *m* **16**.109
torquātus -a -um **46**.152
torquis -is *m* **46**.151
torrēre -uisse tōstum **38**.28
torridus -a -um **56**.(189)
torus -ī *m* **39**.275
tot 17.29
tot-idem 38.56
totiēs 18.121
tōtus -a -um **13**.50
trabs -bis *f* **37**.138; **40**.206
tractāre 46.230; **51**.286
trā-dere 23.5; **42**.249; **44**.446
trā-dūcere 43.250; **48**.261; **50**.139
tragicus -a -um **47**.72
tragoedia -ae *f* **47**.46
trāgula -ae *f* **48**.121
trahere trāxisse tractum **25**.7,11; **36**.366; **39**.297; **46**.433; **48**.67
trā-icere 48.15,79; **51**.212
trā-natāre 56.202
tranquillitās -ātis *f* **28**.124
tranquillus -a -um **16**.28,30
trāns *prp* + *acc* **26**.38; **36**.26
trān-scendere 48.739

trāns-ferre -tulisse trāns/trā-lātum **33**.73; **42**.297; **50**.119
trāns-fīgere 43.135
trāns-fuga -ae *m* **50**.42
trāns-fugere 45.102
trāns-gredī 47.113
trāns-igere 46.437
trān-silīre 41.153
trāns-īre 33.84; **43**.191
trānsitiō -ōnis *f* **50**.436
trānsitus -ūs *m* **48**.264
trāns-marīnus -a -um **46**.221
trāns-mittere 50.208
trāns-portāre 50.113
trāns-vehere 48.749
trāns-versus -a -um **56**.184
trecentēsimus -a -um **46**.85
tre-centī -ae -a **13**.7
trē-decim 17.19
tremere -uisse **22**.84
trepidāre 41.183
trepidātiō -ōnis *f* **43**.212
trepidus -a -um **38**.179
trēs tria 1.67; **2**.54
tribuere -uisse -ūtum **46**.422; **54**.72; **55**.354
tribūnal -ālis *n* **50**.575
tribūnātus -ūs *m* **51**.271
tribūnus -ī *m* **45**.303; **46**.127; t. plēbis **46**.50; t. mīlitum **46**.165
tribus -ūs *f* **44**.331; **55**.307
tribūtum -ī *n* **50**.581
trīcēsimus -a -um **27**.114
triclīnium -ī *n* **30**.64
tridēns -entis *m* **39**.55
trīduum -ī *n* **50**.118
triennium -ī *n* **46**.143
triēns -entis *m* **51**.263
trigeminus -a -um **43**.41,68,127
trīgintā 13.25
trīnī -ae -a **33**.91
trirēmis -e **48**.828
trīstis -e **12**.20
trīstitia -ae *f* **29**.46
trīticum -ī *n* **46**.439
triumphālis -e **36**.313
triumphāre 36.169
triumphus -ī *m* **36**.49
trium-virī -ōrum *m* **51**.223
trium-virālis -e **51**.257
trochaeus -ī *m* **34**.249
tr. pl. =tribūnus plēbis **50**.273
trucīdāre 37.148

trux -ucis **46**.231
tū tē tibi **3**.25; **14**.66; **15**.20;
  17.63; tē-cum **14**.108
tuba -ae *f* **36**.306
tubicen -inis *m* **42**.381
tuērī 32.45; **36**.363
tugurium -ī *n* **52**.156
tum 15.29; **33**.167; cum... tum
  42.7
tumēre 41.206
tumidus -a -um **38**.33
tumulōsus -a -um **52**.560
tumultuārī 28.71
tumultuārius -a -um **48**.119
tumultus -ūs *m* **24**.87
tumulus -ī *m* **37**.236
tunc 13.19
tunica -ae *f* **14**.71
turba -ae *f* **28**.28; **55**.228
turbāre 16.32; **28**.9; **29**.73;
  48.77
turbidus -a -um **16**.31,124
turgidus/-ulus -a -um **34**.7,105
turma -ae *f* **43**.297
turmātim 50.609
turpis -e **18**.93; **24**.80; **47**.121
turris -is *f* **37**.137
tūtārī 52.505
tūtō *adv* **48**.139
tūtor -ōris *m* **44**.138
tūtus -a -um **28**.135,136;
  42.224
tuus -a -um **2**.67,82
tyrannis -idis *f* **47**.80
tyrannus -ī *m* **29**.152

U
ūber -eris *n* **40**.139
ūber -eris *adi* **37**.272
ūbertās -ātis *f* **54**.129
ubi 1.12; **6**.58; ubi (prīmum)
  32.175; **37**.193
ubi-cumque 41.57
ubī-que 32.47
ūdus -a -um **41**.222
ulcīscī ultum **36**.212,222; **38**.
  189
ūllus -a -um **19**.14
ulterior -ius **33**.131
ultimus -a -um **34**.106; **43**.278;
  51.111; ad -um **45**.117
ultor -ōris *m* **36**.221; **45**.316
ultrā *prp* + *acc* **33**.87; *adv*
  48.239
ultrīx -īcis *f* **40**.235

ultrō 45.320; **48**.10; **51**.187; u.
  citrōque **56**.14
ululāre 9.68
ululātus -ūs *m* **37**.144
umbra -ae *f* **9**.30; **28**.89
umerus -ī *m* **6**.26
ūmidus -a -um **20**.108
umquam 23.26
ūnā *adv* **20**.104; **52**.320
unda -ae *f* **38**.62
unde 6.34; **16**.20,45; **44**.25
ūn-dē-centum 9.3
ūn-decim 13.30
ūn-decimus -a -um **13**.5
ūn-dē-trīgintā 13.28
ūn-dē-vīcēsimus -a -um
  47.152
ūn-dē-vīgintī 17.21
undique 37.136
unguis -is *m* **46**.168
ūnī -ae -a **33**.91
ūnicus -a -um **48**.178; -ē
  55.247
ūniversus -a -um **28**.37
ūnus -a -um **1**.76; **18**.58; **19**.5;
  28.67; ad ūnum omnēs
  42.287
ūnus-quisque 50.67
urbānus -a -um **27**.67; **31**.192
urbs -bis *f* **13**.100
ūrere ussisse ustum **26**.80
urgēre -sisse **45**.364; **51**.209
usquam 45.107
ūsque 17.16; **27**.121; **34**.97
ūsus -ūs *m* **40**.250; **44**.359; **50**.
  52; -ū venīre **49**.230; -uī esse
  55.136
ut/uti 9.72; **11**.104; **12**.63,64;
  14.120; **18**.122; +*coni* **27**.78;
  28.87,90,103; **32**.42; **37**.7;
  39. 311; ut (prīmum) **37**.150;
  38.83
ut-cumque 50.487
uter -tra -trum **14**.12
uter-que utra-que utrum-que
  14.7; *pl* **43**.78; **48**.453
uti 42.300 v. ut
ūtī ūsum **27**.20; **34**.10
ūtilis -e **42**.324
ūtilitās -ātis *f* **54**.133
utinam 32.157,179; **33**.67
utpote 49.26
utrim-que 43.13,51
utrobīque 49.187
utrum...an 28.12

ūva -ae *f* **27**.48
uxor -ōris *f* **19**.1
uxōrius -a -um **40**.87

V
vacuus -a -um **4**.66; **50**.226
vādere -sisse **37**.122
vadum -ī *n* **39**.42
vagārī 43.277; **55**.356
vāgīna -ae *f* **40**.215
vāgīre 20.7
vāgītus -ūs *m* **41**.100
vagus -a -um **48**.345
valdē 24.20,24
valēns -entis **49**.112
valēre 14.12; **42**.223; valē -ēte
  14.129; **16**.71
valētūdō -inis *f* **33**.60; **49**.74
validus -a -um **21**.47; **28**.103
vāllāre 51.198
vallis -is *f* **9**.19
vāllum -ī *n* **12**.100
vāllus -ī *m* **51**.197
vānus -a -um **42**.10
varietās -ātis *f* **53**.335
varius -a -um **18**.33; **29**.179
vās -is *n*, *pl* -a -ōrum **30**.90
vāstāre 42.187
vāstus -a -um **37**.271; **55**.443
vātēs -is *m/f* **38**.126; **40**.288
-ve 27.29
vectīgal -ālis *n* **49**.143
vectīgālis -e **54**.2
vehemēns -entis **52**.36,380
vehere vēxisse vectum
  6.30,69; **16**.25
vehiculum -ī *n* **44**.448
vel 13.7,9; **48**.195; **56**.275;
  +*sup* **55**.36
vēlāre 42.292
velim + *coni* **40**.15
velle voluisse **10**.67,75; **13**.140
vēlōx -ōcis **29**.185
vēlum -ī *n* **16**.39
vel-ut 28.26
vēna -ae *f* **11**.20
vēnālis -e **52**.66
vēnārī 39.97
vēnātor -ōris *m* **51**.140
vēn-dere -didisse **8**.5
venēnātus -a -um **49**.194
venēnum -ī *n* **46**.271
venia -ae *f* **40**.31; **42**.91
venīre vēnisse ventum **3**.21;
  13.47; ventum est **40**.50

vēn-īre 36.76
venter -tris *m* 11.21; 44.102
ventitāre 55.13
ventus -ī *m* 16.29
vēnun-dare 47.174
venustus -a -um 34.89
vēr -is *n* 13.80,84
verbera -um *n* 23.99
verberāre 3.46
verbum -ī *n* 3.100; 4.45; -a
    facere 36.88; -a dare 49.90
verērī 16.74
vergere 48.112
vērō 16.123; 18.140; 21.104;
    neque/nec v. 16.138
versāre 39.270; 40.98,204; -ārī
    28.89,134; 32.157; 56.122
versiculus -ī *m* 34.172
versus, ad...v. 20.67
versus -ūs *m* 12.145; 32.102
vertere -tisse -sum 7.16,45;
    13.50; 22.3; 40.169; 56.223
vertex -icis *m* 39.44; 50.179;
    56.189,196
vērum 26.8
vērum -ī *n* 15.57; 52.229; -ī
    similis 50.330
vērus -a -um 15.54; 22.67; 32.
    115; 48.627
vescī 38.182
vesper -erī *m* 13.36
vesperī *adv* 20.42
vester -tra -trum 12.25
vestibulum -ī *n* 36.282
vestīgium -ī *n* 9.54,82; 36.275;
    45.259; in -ō 48.488
vestīmentum -ī *n* 14.69,75
vestīre 14.71
vestis -is *f* 21.5; 30.71
vestrum *gen* 29.43
vetāre -uisse -itum 31.106
vetus -eris 31.127,154; *sup*
    veterrimus 36.100
vetustās -ātis *f* 36.152
vetustus -a -um 41.83
vexāre 47.49; 50.15
vexillum -ī *n* 52.486
via -ae *f* 6.1; 8.11; 41.165;
    42.350; 43.62; 50.171

viāticum -ī *n* 48.555
vicem, per v. 51.212
vīcēsimus -a -um 36.351
vīcīnitās -ātis *f* 50.85
vīcīnus -a -um 42.25
vicissim 55.70
victima -ae *f* 48.327
victor -ōris *m* 32.40
victōria -ae *f* 32.31
victrīx -īcis *f* 45.247; 46.363
vīcus -ī *m* 36.75,167; 48.415
vidēlicet 48.661
vidēre vīdisse vīsum 3.11; 4.5,
    64; 10.50; 56.241; vidērī 26.
    94,95; 33.63; 42.276
vidua -ae *f* 38.78
vigēre 51.66,80
vigil -is 40.64
vigilāns -antis 56.250
vigilāre 14.5
vigilia -ae *f* 28.95; *pl* 48.274
vīgintī 8.48
vigor -ōris *m* 41.212
vīlis -e 32.38
vīlitās -ātis *f* 54.476
vīlla -ae *f* 5.1
vincere vīcisse victum 21.46;
    32.31; 43.146
vincīre vīnxisse vīnctum 22.11
vinculum -ī *n* 37.130; vinclum
    56.74
vindicāre 46.42; 51.313
vīnea -ae *f* 27.47; 48.113
vīnum -ī *n* 27.49
violāre 42.347; 43.258
violentus -a -um, *adv* -nter
    50.495
vir -ī *m* 2.1; 5.20
vīrēs -ium *f* 32.53
virga -ae *f* 15.6
virginitās -ātis *f* 41.88
virgō -inis *f* 19.41
virīlis -e 41.24; 45.408; toga v.
    53.284
virītim 44.310; 55.385
virtūs -ūtis *f* 33.37; 48.55
vīs vim vī *f* 32.13,164; 37.24,
    128; 44.183; 50.193; 56.156
viscera -um *n* 11.22

vīsere -sisse 30.19; 50.550
vīsū (*sup II* < vidēre) 44.225
vīsum -ī *n* 40.211
vīsus -ūs *m* 49.93
vīta -ae *f* 29.7
vītāre 28.143
vītis -is *f* 27.46; 51.200
vitium -ī *n* 48.56
vituperāre 51.64
vīvere vīxisse vīctūrum 10.46;
    20.11; 25.52
vīvus -a -um 10.49; 37.240
vix 16.69; 27.177
vix-dum 48.33
vōbīs vōbīs-cum v. vōs
vocābulum -ī *n* 1.71
vōcālis -is *f* 18.7,23
vocāre 3.16; 19.30; 30.9; 45.
    150; 54.95
vocātīvus -ī *m* 4.102
volāre 10.11
volitāre 44.120
volucris -is *f* 38.60
voluntārius -a -um 45.295;
    47.31
voluntās -ātis *f* 32.61
voluptās -ātis *f* 50.75
volūtāre 56.296
volvere -visse volūtum 39.31;
    52.37; *pass* 50.656; 56.121
vorāgō -inis *f* 28.131; 36.65
vorāre 25.19
vōs vōbīs 15.51,120; 20.130;
    21.109; vōbīs-cum 29.57
vōs-met 39.86
vovēre vōvisse vōtum 36.214
vōx vōcis *f* 10.81
vulgāris -e 53.403
vulgō *adv* 50.599
vulgus -ī *n* 43.183
vulnerāre 33.137
vulnus -eris *n* 33.138; 39.15
vultur -is *m* 41.147
vultus -ūs *m* 23.34

Z
Zephyrus -ī *m* 18.12
zōna -ae *f* 56.(189)

THEMATA COMMVTATA

ab-lāt- abs-tul- < au-ferre
āct- < agere/-igere
af-fu- ā-fu- < ad- ab-esse
al-lāt- at-tul- < af-ferre
arc- < arx
auct- aux- < augēre
aus- < audēre

caes- cecīd- < caedere
cecid- < cadere
cecin- < canere
cēp- -cept- < capere/-cipere
cess- < cēdere
co-āct- -ēg- < cōgere
col-lāt- < cōn-ferre
cōn-fess- < cōn-fitērī
cucurr- < currere
cui cuius < quis/quī
cult- < colere

dē-crēt- -crēv- < dē-cernere
ded- < dare
dī diī diīs dīs < deus
dī-lāt dis-tul- < dif-ferre
dīx- < dīcere
duābus -ae -ārum -ās < duo
duc- < dux
dūx- < dūcere

ea eā eae eam eārum eās < is
ea- eā- ean-dem < īdem
eam eās eat eāmus... < īre
ed- ēd- < ēsse
ēg- < agere/-igere
eī eīs eius < is
eī- eius-dem < īdem
ē-lāt- < ef-ferre
-ēm- -ēmpt- < -imere
eō eōrum eōs eum < is
eō- eun-dem < īdem
eō eunt eund- eunt- < īre
ex-tul- < ef-ferre

fac- < fax
fass- < fatērī
fēc- -fect- < facere/-ficere
fefell- < fallere
fict- < fingere
fīx- < fīgere
frāct- frēg- < frangere
fu- < esse
fūd- fūs- < fundere

genit- genu- < gignere
gess- gest- < gerere
-gress- < -gredī

haec hanc hoc huius hunc...
hae hās hī hōs... < hic

ī īb- < īre
id < is
iēc- -iect- < iacere/-icere
iērunt < īre
iī iīs < is
iī iistī iit... < īre
il-lāt- in-tul- < īn-ferre
itiner- < iter
iuss- < iubēre

lāps- < lābī
lāt- < ferre
later- < latus
lēct- -lēg- < legere/-ligere
lēg- < lēx
locūt- < loquī
lūc- < lūx
lūs- < lūdere
lūx- < lūcēre/lūgēre

māns- < manēre
mā-vīs -vult -vultis < mālle
merc- < merx
mī < meus
mīs- miss- < mittere
mixt- < miscēre
mōr- < mōs

nact- < nancīscī
nec- < nex
noct- < nox
nōv- < nōscere
nūps- nūpt- < nūbere

ob-lāt- -tul- < of-ferre
oper- < opus
ōr- < ōs
ōrs- < ōrdīrī
ort- < orīrī

pāc- < pāx
pass- < patī/pandere
pecor- < pecus
ped- < pēs
peper- < parere
peperc- < parcere
pepul- < pellere
per-cul- -culs- < per-cellere
perrēx- < pergere
pict- < pingere
poposc- < poscere
posit- posu- < pōnere
pot- potu- < posse

press- < premere/-primere
-pul- puls- < pellere

quā quae quam quārum quās
quem quid quibus quō quod
quōrum quōs < quis/quī

rat- < rērī
rē rēbus reī rem < rēs
-rēct- < -rigere
rēg- < rēx
repper- < reperīre
rettul- re-lāt- < re-ferre
rēx- < regere/-rigere
rūp- rupt- < rumpere
rūr- < rūs

scid- sciss- < scindere
secūt- < sequī
sen- < senex
sēns- < sentīre
sepult- < sepelīre
sim sīs sit... < esse
sit- sīv- < sinere
spē speī spem < spēs
-spect- -spex- < -spicere
stet- < stāre
-stit- < -sistere/-stāre
strāt- strāv- < sternere
sublāt- < tollere
sum sumus sunt < esse
sustul- < tollere

ters- < tergēre
tetend- < tendere
tetig- < tangere
tēx- < tegere
tract- trāx- < trahere
trā-lāt- < trāns-ferre
tria < trēs
tul- < ferre

ult- < ulcīscī
ūs- < ūtī
uss- ust- < ūrere

vās- < vādere
vect- vēx- < vehere
vī < vīs
vīc- vict- < vincere
vim < vīs
vīs < velle
vīs- < vidēre
vīx- < vīvere
vōc- < vōx
vol- volu- vult vultis < velle